U0661409

潮汕文庫

潮汕文库·研究系列

陈礼传年谱长编

蔡泽瑾 著

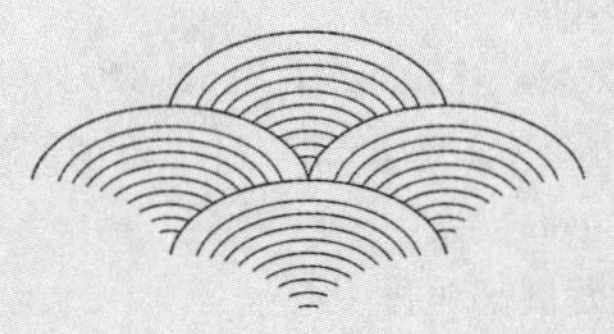

暨南大学出版社
JINAN UNIVERSITY PRESS

中国·广州

图书在版编目（CIP）数据

陈礼传年谱长编/蔡泽瑾著．—广州：暨南大学出版社，2018.11
（潮汕文库．研究系列）
ISBN 978－7－5668－2440－0

Ⅰ.①陈…　Ⅱ.①蔡…　Ⅲ.①陈礼传—年谱　Ⅳ.①K825.46

中国版本图书馆 CIP 数据核字（2018）第 192396 号

陈礼传年谱长编
CHENLICHUAN NIANPU CHANGBIAN
著者：蔡泽瑾

出 版 人：徐义雄
项目统筹：黄圣英
责任编辑：雷晓琪
责任校对：姜琴月
责任印制：汤慧君　周一丹

出版发行：暨南大学出版社（510630）
电　　话：总编室（8620）85221601
　　　　　营销部（8620）85225284　85228291　85228292（邮购）
传　　真：（8620）85221583（办公室）　85223774（营销部）
网　　址：http：//www. jnupress. com
排　　版：广州市天河星辰文化发展部照排中心
印　　刷：广州家联印刷有限公司
开　　本：787mm×1092mm　1/16
印　　张：9
字　　数：132 千
版　　次：2018 年 11 月第 1 版
印　　次：2018 年 11 月第 1 次
定　　价：36.00 元

总　序

潮汕文化历千年久远，底蕴渊深，泱泱广袤，又伴随着潮人的迁播而兼收并蓄，独树一帜，是中华文明中的重要一脉。

秦汉之前，潮汕囿于海角一隅，与中原殆少来往；自韩愈治潮，兴学重教，风气日开，人文渐著。宋朝文教兴盛，前七贤垂范乡邦；明朝人才辈出，后八贤称显于时。明清以来，粤东地区借毗邻大海的地理优势，与域外商贸频仍，以陶朱端木之业，成中西交汇之势，造就多元开放的文化格局。饶宗颐等学界巨匠引领风骚，李嘉诚等商海翘楚造福民生，俊采星驰，郁郁称盛。

而今国家稳步发展，蓬勃兴盛，潮汕地区凭借深厚的历史积淀，务实进取，努力发展传统文化及其产业，如潮剧、潮乐、潮菜、工夫茶、陶瓷、木雕、刺绣等，保持并革新精巧特色，在世界各地广泛传播，备受青睐。更有海外潮人遍布全球，为经济文化交流引桥导路，探索共赢模式，拓宽发展空间。

为促进潮汕文化的传承与创新，进一步推动潮汕文化“走出去”，在广东省委宣传部的大力支持下，海内外学者编写《潮汕文库》大型丛书。本丛书包括文献系列和研究系列，涉及历史、文学、方言、民俗、曲艺、建筑、工艺美术等多方面，囊括影印、笺注、点校、碑铭、图文集、口述史等多种形式，始终秉承整理、抢救传统文化的原则，尊重潮汕地区的家学渊源和治学传统。以一腔丹心，在历史沿袭中为文化存证，修旧如旧，求新而不媚俗于新；以一笔质朴，在字斟句酌中为品质立言，就事论事，求全而不迷失于全；以一纸恳切，在纷扰喧嚣中为细节加冕，群策群力，求深而不盲目于深。惟愿以此丛书，提升潮汕文化

品位，凝聚海内外潮人，齐心发展，助力腾飞。

在成书过程中，广东省委宣传部高度重视，协调汕头、潮州、揭阳、汕尾市委宣传部，委托潮汕历史文化研究中心、韩山师范学院、暨南大学出版社组织编写与出版。海内外潮学研究专家倾注笔墨，潮汕历史文献收藏机构及热心人士鼎力襄助，在此一并致谢！

《潮汕文库》大型丛书编委会

2016 年 7 月

陈礼传简介

陈礼传（1912—1998），字思源，又号晚香斋主。广东澄海上华岛门村人，国立中山大学法学学士、台湾“中华学术院”哲士。早岁任国民政府监察院两广监察使署秘书、总务科长，两广区监察委员行署科长，财政部粤桂区税务人员普通考试监试员，交通部粤闽桂区电讯人员普通考试监试员，高等考试广东区司法人员考试监场主任，粤桂县长考试监场主任，国防部广州警备司令部检察官，抗战胜利后获国民政府颁发胜利勋章。1950 年定居香港，从事文化教育工作。创正风教育出版社，出版专书编著多种，有《陈母蔡太夫人八秩晋一寿言集》《思源堂杂钞》《六十年来海外潮州人物志》《晚香斋诗文翰墨选》《应用文之理论与写作》《祖国行》《亲情》《星洲行影集》《生存与生活影集》《陈母蔡太夫人百龄寿言集》《陈礼传书法》《陈礼传书画集》《龙蛇书画集锦》《民国人物翰墨书画金石选辑》《陈氏章楷翰墨雅集》等数十部，被港人誉为“文化斗士”。其书法早年师从于右任，融汇诸体而尤善章草，有“章草无双”和“陈氏章草”的美誉。曾任香港德教学校校长、九龙乐善堂津贴中文中学文史教席及大专教授、香港正风教育出版社社长、香港陈氏宗亲总会常务理事、香港至孝笃亲公所委员兼文教主任、《中国当代海外潮州人物志》主编、香港诗书画协会名誉会长。

序

中国历史上大致有两个时期的辉煌是让人想起来就心潮澎湃的：一个是春秋战国时期，一个是清末民初。前者是思想巡游的胜地，百家争鸣，不同学派涌现，形成各流派争芳斗艳的局面，与同期古希腊文明交相辉映，影响了国人两千多年的思维。后者则是挟带着大炮与火船奔涌而至的西方思潮，以现代的速度与力量，与拥有两千多年根基的传统激烈对决。行为、思想，保守、开放，融合、颠覆，短短数十年的较量中所迸发出的智慧，几乎覆盖每一个角落，铸就了一个时代的熠熠星光，引发后人的无限遐想。

如今回望，春秋战国已经遥远，而清末民初离我们不过一个世纪，那场碰撞的余温还常常使我们的心保持炙热。

那时候，潮汕大地也接受了来自时代变革的气息，从价值观念到生活方式，从艺术形态到审美取向，一呼一吸，都带着时代新鲜的空气。一批潮汕民国人物踏潮起舞，如浪花般绽放，又随流光远逝，留下一排朦胧的身影。

时间在我们面前拉起一层捅不破的纱，然而，当我们循着潮水退后的沙滩走去，依然有机会觅得他们留下的足迹，满足我们的好奇。

近日，泽瑾兄将他整理的《陈礼传年谱长编》书稿嘱我写序，捧读之余，竟似见一丝光亮穿透而来，一位民国潮汕文人的身影就在眼前晃动。

陈礼传生于 1912 年，澄海上华岛门村人。他耽著述，精诗文书画。早岁师从于右任，章草独树一帜。其书以索靖《月仪帖》入门，圆润庄重，又学宋克，跳逸俊美，晚年更以楷法入草，所书章草别有新面，有“陈氏章草”和“章草无双”之誉，是驰名潮汕和港台的书法家。

他一生的轨迹自民国元年始，至20世纪90年代末止。他少年读书，青年投身抗日，壮岁赴港定居，以从事文艺事业而被港人称为“文化斗士”。既历经了整个民国的动荡，又见证了中华人民共和国的成立及逐步强盛；既了解香港回归前的实况，又感受到回归后的喜悦。

他的一生，于同时代潮汕人而言，并无大异——早岁历经战乱，晚岁得享太平——正因为如此，我们是可以将他作为一个时代的缩影加以探索的。

陈礼传20世纪50年代移居香港时，遍交港台名士。其中既有当时文史界泰斗、书画名家，又有诗人学者，他们的书法诸体兼备，各有所宗，各具面目，很多是成名或成长于民国的近现代名人，洋洋大观。

在他留下的遗物中，除了书画作品之外，还有大量与当时艺术界重要人物的往来信件，这其中包括了有“国书大师”之称的王世昭、于右任得意门生李超哉、古文字学者容庚、“甲骨学四堂”之一的董作宾、被称为“海外吴门画派重镇”的周士心等。另外还有顺德陈荆鸿，云南张维翰，国民党元老陈立夫、黄季陆，衍圣公孔德成，国民党原主席吴伯雄，著名学者张其昀、罗香林、杭立武、简又文、涂公遂、何敬群等，他们的书法雅拙重逸，各有千秋，从中可以窥见我国近现代书法艺术繁荣之一斑。当然，这些不仅仅是书法作品，还是这个时期重要的资料记载。因此，收录了这些时代大师们手札的这本《陈礼传年谱长编》，其分量不言而喻。

本书以时间为序，对陈礼传求学、从政以及从事文教、艺术、出版事业进行全面记述，并引用大量文字资料和书法图片，全景式地展示了陈礼传一生的生活轨迹。这无异于向我们敞开了一扇窗，虽然我们尚无法借此穿越回那个年代，却能够跟着书中的叙述，做一回时间旅行者，触探那片神秘的星空。

就陈礼传的一生来说，他的少年时光更让我感兴趣。一方面，他这段时间在澄海，仿佛就生活在我们身边，令人备感亲切。另一方面，当我们回顾他一生的时候，可以发现，少年时光影响了他的一生，特别是他的母亲蔡太夫人，对他影响深远。

他出生于一个典型的潮汕家庭，父亲是忠厚老实的农民，靠勤劳的双手养活妻子及九个儿女。由于父亲务田养家，教育子女的主要任务就落在母亲身上。

陈礼传的母亲蔡太夫人，有“范母”之称，是典型的传统潮汕妇女，孝敬长辈，和睦亲邻。稍不同的是，她略知文字，在九十七八岁时还能一口气唱出百戏屏，次序正确，完整无误。

在农业经济时代，潮汕女性天生有一种相夫教子的使命感，特别是一位略通文墨的女性，对孩子的寄望殊深。而在九个儿女中，只有陈礼传自小聪颖，深得父母喜爱。他学龄前即通过母亲口授，熟读百戏屏及唐宋诗词，又读《三国演义》《隋唐演义》《说岳全传》等名著，里面的历史人物和历史故事，使他学会了感恩回报，也学懂了亲情和民族大义。后来，日本侵略中国，他投笔从戎。日本投降，他又视抗日胜利勋章为最高荣誉，终生珍护。这与蔡太夫人的教育与引导不无关系。

陈礼传在仕途上不算显赫，但他为官期间，清廉自守，一身正气，两袖清风；解甲之后，更是身无长物。但蔡太夫人以之为傲，她曾对亲朋好友说：“某某在县里当个小官，就腰缠万贯，我的孩子在省里当官，却一贫如洗，两袖清风，这是祖上有灵，让他积德居亨啊。”尹望卿《陈母蔡太夫人百龄开一寿言录序》也载，“有问太夫人者，曰：‘汝居广州，识刘侯武乎？’曰：‘识，彼固两广监察使，好官也。’‘汝子非官乎？’曰：‘官，亦好官也。’卒无以难之”。从这一点可见蔡太夫人性情之平凡而可贵。

1982 年，陈礼传在题慈母读书照时有这样的论述：“九十四慈母于居室得闲，即检阅儿子礼传编著各书，尤其是对于辛酉年间出版之书阅图看字最感兴趣，老母生平学不厌，老而弥坚，有‘一息尚存书要读’之意。”

深受母亲影响的陈礼传不仅在赴港后一直从事文化艺术出版事业，而且在书画艺术上闯出了自己的一片天地。在蔡太夫人八十一岁、九十一岁、百岁之际，事亲至孝的陈礼传向各界友人征集诗文书画，得到友人的积极回应。这不仅是友人对他事亲至孝的认同，也是对他艺术水平的认可，更在无意中记录了一个时代

的书法面貌，也留下了那个时代里一位性至孝、耽著述、精文艺的文人身影。

一个人的一生，脱离不了时代的影响。当目光凝视，总能在某个交汇处探寻到背后斑驳的流光。这本书正为我们提供了这样一个时间之窗，让过去那段时光触手可及。相信读者诸君，亦将有感于此。

立庵

丁酉冬至于汕上昕社

引 言

中国书法经历了三千多年的演变，到了民国时期，书法艺术出现了一个新的高峰。

辛亥革命，推翻了清王朝的封建帝制，建立中华民国。但民国又是一个社会大动荡、大变革时期，从旧民主主义发展到新民主主义，政治、经济、文化各方面都发生了翻天覆地的变化。社会风气的变化和新文化的冲击，在客观上也刺激、促进了文化艺术的解放和发展。就书法一道，学人们的思想更趋活跃，他们纷纷从馆阁体的桎梏中解放出来，书法也不再局限于秦篆、汉隶、魏碑以及晋的楷书和行书，而增加了甲骨、古篆、章草、唐楷，以至宋、元、明诸大家的行草、大草的研习，从而使民国书法呈现出百花齐放的局面，异彩纷呈。而出生于清末、成长于民国的书家，则是这一时期的中坚力量，他们既受过严格的传统教育，又大量接受新文化，知识层面更加宽博，加上西方先进印刷术的传入，出现大量的古代法帖、碑刻拓本的影印，使得很多原来秘藏的孤本名迹得以广泛流传，也为书家提供了更多更好的学习范本。这些成长于民国的书家，将中国书法推上了一个新的高峰。

思源堂主人陈礼传哲士，性至孝，耽著述，精诗文书画。20 世纪 50 年代移居香港，遍交港台名士，鸿雁往返，得师友书翰不下千数，字字珠玑，墨香四溢。其中既有当时文史界泰斗、书画名家，又有诗人学者，他们的书法诸体兼备，各有所宗，各具面目，很多是成名或成长于民国的近现代名人，洋洋大观。其中文辞自不待赘言，而就其书法艺术，都是一时俊彦，片纸只字，足以传世，吉光片羽，珠玉其珍。

清乾嘉以后，碑学昌盛，帖学日渐式微，况且六朝碑牌中没有行草书，加上朝廷开科取士，以馆阁体为准，书家的创作颇受禁锢。草书至中晚清时，能书且有成就者犹晨星可数。到了清末民初，书家们摆脱原来书风的束缚，取舍自由，他们将碑体的笔法运用到行草书之中，形成碑帖结合的行草书新风，这种新书风流行于整个民国时期并影响至今。如：王世昭（1905—1984），字铁髯，福建闽县人。其先翁为清末名重一时的大收藏家，家学渊源。他学识渊博，精于诗文，尤擅书法，在香港筑大观楼贮其所藏古帖书画，坐拥书城，“寝馈其中，撷精吸髓，篆隶真草，大而化之，辅以清操，涵以劲气，称‘国书大师’”（尹望卿语）。他的草书得魏碑之劲健、晋楷之精严，行笔跌宕俊逸，一任性情，大气磅礴。李超哉（1906—2003），字骅括，号右右堂主，江西人，居台湾，是于右任先生晚年的得意门生，也是得力助手。他的书法以标准草书为主，结体精严，线条圆润，得“折钗股”之致；运笔点画精到，气势开张，凝重而无丝毫纤浮之气，是典型的书家书法。容庚（1894—1983），字希白，广东东莞人，师从邓尔雅、罗振玉二位大家，是著名的古文字学者。他的行草书古拙典雅，点画之间流露出钟、王遗韵，不激不厉，风规自远。而作为“甲骨学四堂”之一的董作宾（1895—1963），字彦堂，河南南阳人，所作行草沉厚朴茂，于静穆中现笔底波澜，于律动中窥其醇静之致。虽不以行草名世，然而学力所致，堪称大家。周士心（1923—　），家学渊源，并得吴门画派吴子深指授，又与张大千等一大批书画家过从甚密，亦师亦友，成为“海外吴门画派重镇”。其书法得元人赵子昂、董香光韵致，清俊拔俗，用笔潇洒，具画家书法之特色。

章草肇于西汉，而发展兴盛于东汉、西晋，之后今草、行书的兴起，让章草受到严重的冲击，失去往日的光彩，迨至元、明时，赵子昂、邓文原、宋仲温等人，身体力行，取法汉晋而参己意，使章草又出现了一个小高峰。清末民初，在沈寐叟、张默君等一批志于章草的名家影响下，章草得到了前所未有的发展，书家们各有师法，各有创新，把章草推向一个新的高峰。陈荆鸿（1903—1993），原名文璐，广东顺德人，有“岭南才子”之称。其章草远师皇象，又取法赵孟

頫，兼糅合唐楷及行书笔意，故其书温和圆劲、庄重静穆，一派儒士风神。陈崇兴，广东新会人，其书师法邓文原，用笔潇洒，节奏感强，于清逸中见厚重，于规整中现风韵，既是书家书，也是学人书。陈礼传（1912—1998），字思源，广东澄海人。其书以索靖《月仪帖》入门，得其圆润庄重，复师宋克，得其跳逸俊美，而晚年更以楷法入草，故所书章草别有新面。其字结体略趋扁平，“行笔有灵秀之气，取势有变化之姿，不温不火，亦密亦疏，笔笔中锋，字字圆融，……点画之间，莫不流畅，利金百炼，美玉天姿”（李超哉《读陈礼传哲士书后》）。潮汕著名学者蔡起贤先生有“徐渭宜方驾，月仪可乱真。多君佳笔墨，闲雅见精神”的诗章评价，有“陈氏章草”之誉。至于其他书体及人物，如香翰屏将军的草书、云南才子张维翰的行书，以及国民党元老陈立夫、黄季陆，衍圣公孔德成，国民党原主席吴伯雄，知名学者张其昀、罗香林、杭立武、简又文、涂公遂、何敬群等，或雅或拙，或重或逸，各有千秋，各臻妙境。

从本书中，可以窥见我国近现代书法艺术繁荣之一斑。作为一个缩影，本书可以让读者领略到一代书人的风采，也可以为中国近现代书法研究提供一些参考。

目录

求学之路

在韩江支流东溪边上，澄海县城西北方向约十里的地方，有蓬岛二山，山虽不大，却树木茂盛，蔚然深秀。

在二山的西北山麓，有陈、林、吕、温四姓聚居而成的一个小村落——岛门村。四姓和睦相处，过着“日出而作，日落而息”的农耕生活。

陈姓是村里人口最多的姓氏，约占全村总人口的百分之八十五。陈姓始祖椿山公，原是中原望族、忠志之士，为逃避兵乱，凛民族大义，耻与异族为伍，相率离开中原。椿山公举家南移，辗转至福建莆田定居。之后，派子孙再由莆田分支入粤，其中有一分支就到了澄海的岛门村。陈氏族人秉承祖训，以耕耘为生，过着安居乐业的生活。

1912 年　壬子

一岁

❖1 月 1 日，孙中山在南京就任中华民国临时大总统。

❖2 月 12 日，清帝溥仪颁布退位诏书，清朝灭亡，结束中国两千多年君主专制制度。

❖潮籍画家罗铭（1912—1998）、陈大羽（1912—2001）生。

民国元年，即公元 1912 年，农历四月十二日这一天，从岛门村大圣宫后吕厝尾的一户农家中，传出几声清脆的新生儿啼哭声，一个眉清目秀的男婴降临到这个世上，他是这户人家的第二个孩子，也是长男。家里人为喜得男丁而欢天喜地。那个时代，得男丁不仅是家里的大喜事，更是族里的大喜事。族老们闻讯，纷纷前来道贺，都说这男婴骨格清奇，将来必成大器，定是一位大人物，并按辈序为其起名礼传。

陈礼传的父亲道铨公，是一位地道的农民，勤耕力作，忠厚老实。母亲是同

邑下窖乡的蔡氏淑贤，人如其名，孝敬长辈，和睦亲邻，又略知文字，严于教子，有“范母”之称。“阃训能敷羡令子，慈心堪式裕芳邻”（谷正纲《陈母蔡太夫人八秩晋一大庆》）、“持家处世，范式乡邦”（林洋港《陈母蔡太夫人百龄荣庆》）、“相夫教子心无愧，睦族亲邻力亦殚”（刘侯武《陈母蔡太夫人八秩晋一》）。老太夫人在九十七八岁时还能一口气唱出百戏屏，次序正确，完整无误。1982 年，陈礼传在题慈母读书照时有这样的论述：“九十四慈母于居室得闲，即检阅儿子礼传编著各书，尤其是对于辛酉年间出版之书阅图看字最感兴趣，老母生平学不厌，老而弥坚，有‘一息尚存书要读’之意。”1988 年，老太夫人以百岁高龄无疾而终于汕头。

1913 年　癸丑—1933 年　癸酉

二岁至二十二岁

❖在家接受母亲家教，并先后入读岛门私塾、程洋冈凤冈学堂、广州明远中学。

陈礼传自小就聪颖好学，记忆力极强，能过目成诵。学龄前即通过母亲口授，熟读百戏屏及一些唐宋诗词。父母看在眼里，喜在心头，知儿子日后必有所成，家务事也尽量让姐弟妹们帮忙（兄弟姐妹共九人，三男六女），让他有更多时间读书。父母又从村里有文化的人家中借来书籍，如《三国演义》《隋唐演义》《说岳全传》等，教其阅读。小小年纪的礼传从这些书里学懂了感恩和回报，学懂了亲情和民族大义。

到了读私塾的年龄，父母便将他送到村里的私塾学习。从《三字经》《弟子规》等开始，同时也开始学习毛笔字。在私塾学习了一年之后，由于私塾的师资力量较为薄弱，已经不能满足他的求知欲，便由父亲到祖母的外家——隔溪相望的千年古村程洋冈，联系到程洋冈的凤冈学堂，让他入读继续学习，并寄居于程洋冈坑顶社其表叔家。

程洋冈凤冈学堂创办于 1914 年，由民国书法名家秀才许乃秋、秀才陈松和蔡杰三等发起创办，并成立校董会，蔡少庭任学堂总理，蔡杰三为第一任校长，教导主任许乃秋，教务主任陈敬齐，并有教员多名。

有了更好的学习环境和更充实的师资力量，好学的陈礼传更是如鱼得水，成绩也名列前茅，深得教员们的青睐，同时也引来一些同学的妒忌，有些同学甚至欺负这个身材并不高大的外乡学生。幸好有其表兄蔡长贵，与他年龄相仿，同在学堂学习，长得牛高马大，力气也大，每当陈礼传被同学欺负时，都是由他出

面，进行“武力”解决，并威吓其他同学：“谁敢再欺负我表弟，我就打谁。”蔡长贵以“孩子王”的身份保护着陈礼传，使他能顺利完成小学学业。20 世纪 50 年代，陈礼传到香港之后，从二弟礼思的信函中得知其表兄蔡长贵一家生活较为拮据，便每年过年前，都从微薄的薪金中抽出一点钱寄给二弟转交给蔡长贵，几十年如是，饮水思源，直到蔡长贵去世。陈礼传晚年时常常打听其表兄后人的生活情况，得知他们都能安居乐业，生活充裕，他的心里也就感到十分快慰。

礼传长至十五六岁时，开始帮助双亲在田间劳作，与大姐（后嫁去渡头村，中年早逝）为父母分劳。他家除种田外，还在村口靠东溪堤岸的地方开了一家包饼铺，增加一些收入。他和大姐一起经常到前埔（隆都店市）、城内（澄海县城）盘货；每逢时节，他和父亲一起肩挑货物，在乡里或临近的山边村、洪桥村等地穿街叫卖，早出晚归，也是十分辛苦。青少年时期的辛劳经历，也许是造就他日后坚毅性格的原因之一，这些在 1990 年 6 月 15 日致其二弟礼思的家书中有提及。或许是有了少年时家里开店的“经验”，他初到香港时，也在路边开了一家名为“巴西商店”的杂货店。王韶生教授在《礼传尊兄与夫人结褵三十载征诗敬赋四章致贺》中有“拓殖投荒到海隅，经营事业小陶朱”句。但终因不是生意人，“巴西商店”也只维持了几年时间。

陈礼传小时候是岛门村出了名的“龙精仔”（即“精明仔”），深得其族叔公陈子昭的关爱。

据陈礼传《龙蛇书画集锦》记载，陈子昭，乳名振荣，族号学宠，天赋聪颖，器识超人。19 世纪 20 年代，学业结束后即别母离乡，只身赴暹罗（今称泰国），拥于舅公廖云章之酒店，卓然有为。后奉舅父之命前往香港，开创“荣丰隆”于南北行街十八号，经营暹米，业务鼎盛。为利两地汇兑，创“廖荣兴银庄”，商旅称便。又创“南美出入口庄”，业务发展至马来联邦，名重阛阓，先后被选为旅港潮州商会第七、第八届会长。

陈礼传于凤冈学堂小学毕业后即回到岛门村，因家庭经济无法继续承担其学业，便辍学在家。其族叔公子昭爷得知此事后，于民国十九年（1930）出资让他到广州私立明远中学①继续学业，并一直资助他到大学毕业。陈礼传直至晚年仍念念不忘此事。在 1991 年春致黄尊秋的信中有“回忆不佞，得有今日，乃先叔祖子昭公十年教育、栽培盛德”之句。

---

① 广州私立明远中学前身为私立明远中英算专修科学校。1928 年秋，改设为明远中学，招初中学生，校址在惠福西路仙邻巷，后迁长堤八邑会馆。

1936年　丙子

二十五岁

❖在广州顺利完成中学学业之后，陈礼传又考进了上海大学。中学期间，他对书法已有更深的研习，能写出一手俊美稳重的颜体小楷。因学艺兼优，他有幸得到上海大学创校校长、民国大书法家、当代草圣于右任的赏识，被收为弟子，攻研辞章及书法。

1937年　丁丑

二十六岁

❖父道铨公弃世，葬岛门山。奉命回家守孝。

“民国二十六年（1937年），道铨公弃世。是时，陈氏以主器，方就读于沪滨。太夫人电召回家，使之读礼，所以教孝也。俟服满，顾陈氏愀然曰：‘汝父在日，与汝叔公子昭，皆以汝聪明，必能亢宗，儿其继续努力读书。’陈氏谨受教，乃转读广州国立中山大学。”（尹望卿《陈母蔡太夫人百龄开一寿言录序》）

1938年　戊寅

二十七岁

❖转读广州国立中山大学法学系。是年中山大学迁校云南澄江。

时正值日寇全面侵华，赴上海之路已为兵火所蔽，就这样，陈礼传转读了广州国立中山大学法学院。1938年，日寇加强了对华南地区的军事进攻，广州受到严重的威胁，形势十分危急。时任中山大学校长的邹鲁在重庆发电，与时在昆明的原法学院院长邓孝慈商讨中山大学迁校事宜，最后决定将中山大学迁往云南澄江，以澄江县城附近的一些寺庙作为校舍。法学院就设在澄江县属第二区和备

乐村两处，共用庙宇十几间。在澄江，师生们的生活变得十分清苦。当时，中山大学的学生以广东籍及华侨子弟居多，他们向来适应了广州的大都市生活，迁到穷乡僻壤的澄江后，生活上诸多不惯。广州沦陷后，家乡的供给也中断，学生们就只能依靠战时的学生贷金度日，生活的困苦可想而知。但这样困苦的环境更加激发了师生们的抗日斗志，全校师生更加积极组织和参与各种抗日救亡运动。这时的陈礼传亦是热血沸腾，经常在同学中发表抗日救国演讲，宣扬爱国精神，铁骨铮铮。其中大校友马宗庆在《陈母蔡太夫人八秩晋一寿言集序》中也有谈及："礼传兄与余缔交于云南汀（澄）江，维时抗战方殷，中大播迁古滇，蒿目时艰，课余辄于三元宫一灯如豆之下，谈论救亡图存之道。礼传兄常慷慨陈词，志节坚贞，溢于言表，忠党爱国，具见赤诚。默察其平素待人接物，直而不婞，刚而不猛，退而处众，勇以共事，洵铁中铮铮，屹然而有立者，心窃慕之。当其时，故乡沦陷，接济中断，众皆唏嘘叹息，礼传兄独坦荡。笑谈自若，力言否极泰来，毋惧毋馁。余之不半途而废，毕其所学者，得之礼传兄淬励为多。"

1940年　庚辰

二十九岁

❖年初，教育部长陈立夫、次长顾毓秀先后到澄江视察中山大学，主张把国立中山大学迁回广东。

❖7月，中山大学奉命迁至粤北坪石。

出仕生涯

1941 年　辛巳

三十岁

❖8 月 1 日毕业于国立中山大学法学系，获法学学士学位。供职于广东省政府，担任党政工作。

1942 年　壬午

三十一岁

❖供职于广东省政府。

1943 年　癸未

三十二岁

❖改任广东监察区监察使署调查员。

1944年　甲申

三十三岁

❖晋升为广东、广西监察区监察使署秘书，12月调任总务科长。时日军进迫湘桂，其督运文书、公物西迁百色。

于中山大学毕业之后，时“值中日大战，倭骑蹂躏。初，陈氏为国赴难，供职于广东省政府，担任党政工作。越二年，改官两广监察使署秘书，兼总务科长，事无巨细，悉以襄助。先后佐刘侯武、刘成禺最得力。”（尹望卿《陈母蔡太夫人百龄开一寿言录序》）是时举国上下全民抗战，礼传虽是文职，但抗日不甘于后。当日寇进迫湘桂之际，礼传奉命于危难之间，率领员工督运文书、公物，西迁广西百色（百色为广西战时省会），涉水越岭，间关千里，艰苦备尝，终于完成使命。“柏署之间，风霜凌厉，松厅之上，山岳动摇。”（尹望卿《陈母蔡太夫人百龄开一寿言录序》）

1945年　乙酉

三十四岁

❖8月15日，日本宣布无条件投降，抗战胜利。

❖8月26日，于百色乐群社与张慧娟小姐举行结婚仪式。

❖9月率全署员工沿西江东下，10月抵达广州。妻张慧娟也被派任书记，夫妇同服务于柏台。

1945年，是陈礼传最为难忘的一年。在1985年8月26日题结婚四十周年纪念照中有详细记述：

西历一九八五年八月，有二大事值得一提。一为四十年前第二次世界大战，盟军为谋及早和平结束战争，迫得以原子核投掷日本广岛，死亡无数。日本天皇裕仁惊惶失措，为救三岛百姓，乃有八月十五日中午广播告诉日本军民并向盟国宣布无条件投降。一为余于日宣布无条件投降之后，接获监察使刘公（刘侯武）自行在重庆来电，传达监察院长于公（于右任）转奉国民政府主席蒋公指示。复员准备，余将电文宣读之后，全署职工同仁，以抗战八载，死伤军民逾亿万，

财物损失无算，终得最后胜利，咸额手称庆。余亦喜形于色，立电随父居田州之未婚妻张慧娟小姐来百色商议婚事，以便复员广州。结果决定于八月二十六日假百色乐群社举行结婚大典，实现人生大事。九月下旬，余率领全署员工乘船沿西江东下，十月初安抵广州，即向刘监察使报告奉命部署事毕，员工开始办公。吾妻亦蒙刘使派任书记，夫妇同服务于柏台。今日八月二十六日，为吾夫妇结婚四十周年纪念，除于寓所庆祝家宴外，不侈张也。

1946 年　丙戌

三十五岁

❖仍任两广监察区监察使署总务科长。

1947 年　丁亥

三十六岁

❖正月接母亲、细弟细妹到广州团聚。仍任两广监察区监察使署总务科长至 9 月该署结束。两广监察区成立监察委员会，任总务科长；11 月免职。

陈礼传在监察使署任总务科长时，克己奉公，备受同仁尊重及下属爱戴，享有极高的声望。由 1985 年其题《挂绿荔枝图》的题识中可见一斑：

荔枝产自粤闽两省，以粤之增城县所产之挂绿荔枝最负盛誉。增城挂绿荔枝形状与罗（糯）米滋（糍）、桂味、黑叶三者有别，果皮内外现绿色，以此得名，仅有一株。据传年代久远，明清两朝列为贡品，入民国亦然。每当挂绿成熟之时，例为增城县政府统购，以之分赠显官，则其名贵可知矣。抗战胜利复员第二年，余供职监察院两广监察使署，增城县长派专差送来挂绿十六枚，以玻璃锦盒装成八盒，六盒奉呈监察使刘侯武，余有幸得两盒，以一盒呈北堂品尝，一盒与家人共享，盖非有其位得之非易。此为三十五年前事也。古者有喜，必以名物。拙作挂绿荔枝，忆念所至，信笔涂鸦，题识如上。

乙丑西历一九八五年陈礼传于香港

自民国二十六年（1937）陈礼传自上海回家奔父丧，之后转读广州国立中山大学，再之后任职于广东省政府、两广监察使署、国防部广州警备司令部军法处，就再也没有回过家乡侍奉老母，念家思母之情日增，常望白云孤飞自语曰："吾亲舍其下。"每每徘徊良久。1947 年丁亥年正月，他终于心愿得偿，接母亲及未成家之细弟礼廉、细妹佩华同到广州团聚。1982 年他题母亲六十寿辰照片时有这样的记述：

一九四五年岁在乙酉，盟军投原子核于广岛，日皇即宣布无条件投降，我国对日抗战八载始告胜利。中枢宣布复员，余奉命率领两广监察使署员工自广西战时省会百色复员广州。越岁丁亥正月，奉母及弟妹自澄海岛门出汕头经香港来广州定居，尽菽水之欢……

1948 年　戊子

三十七岁

❖任国防部广州警备司令部检察官。10 月，获国民政府颁发抗日胜利勋章一枚，列五五五二号。

抗战胜利后，国民政府还都南京，对抗战有功人员给予嘉奖，陈礼传获得国民政府颁发第五五五二号抗日胜利勋章，这也是他一生最引以为豪的事。

还有一段小插曲值得一提：1999 年 6 月 1 日，也就是在陈礼传逝世半年多之后，因其寓所需要重新整修，他的女儿便电请我到香港帮忙整理他老人家的遗物。当时我见到书桌右上角摆着一个金黄色锦盒，打开一看，里面装的正是那一枚他最引以为豪的抗日胜利勋章。勋章正中为圆形，图像为蒋介石半胸像，周围是红色环形，上面有八颗金星，外围对应金星作光辉四射状，附章为嘉禾图案环绕的青天白日图，质地为铜。我当时想把它带回，交给家乡的博物馆收藏。可是，当我拿起盒子，或许是震动的缘故，勋章摊成一堆铜粉，而系勋章的丝带却完好无损，这使我不由得心头一惊，又后悔没有及时拍照，这是谁也想不到的事，自责也无济于事。过后每与朋友谈及此事，都觉不可思议，或许是老先生冥冥之中也将这枚引以为豪的勋章一起带走，遐想至此，也就释怀了。

1949年　己丑

三十八岁

❖蔡太夫人六十岁，留居岛门村。陈礼传也解甲归田，过着普通百姓生活。

❖10月1日中华人民共和国成立。

1949年己丑，太夫人年届六十，自以年老，愿意留在家乡岛门村。陈礼传也解甲归田，举家迁回岛门村，躬耕陇亩，过着普通的农家生活，至1950年独自到香港谋求发展。陈礼传在居官任职期间，廉洁奉公，高风亮节，一身正气，两袖清风，解甲之后，更是身无长物。太夫人曾语于亲朋曰："某某一小县吏，则腰缠万贯，吾儿居省官，却一贫如洗，两袖清风，祖上有灵，积德居亨。""文革"十年，乡社惨斗，"有问太夫人者，曰：'汝居广州，识刘侯武乎？'曰：'识，彼固两广监察使，好官也。''汝子非官乎？'曰：'官，亦好官也。'卒无以难之。"（尹望卿《陈母蔡太夫人百龄开一寿言录序》）其气之刚，其辞之诚，皆以其立身有度，无忧无惧。因陈礼传为国民党官员，便有人借机冠以太夫人旧官僚家属之名，欲揪太夫人出来批斗。好在太夫人居家时从不以官宦之家自居，她经营包饼铺，并带领在家子女从事农业生产，经济倒也自给无忧，还经常接济贫困乡亲，与左邻右舍也和睦相处，得到了族内外及乡亲们的尊重。这就赢得乡绅父老的出面保护，免于受批。但可惜的是，在搜家时搜出了陈礼传抗战时的一切手迹、文稿以及收藏的民国时贤墨迹，所有资料，付之一炬。据老人后来回忆口述，这些墨迹中有孙中山、蒋介石、于右任、戴传贤、邹鲁等人的数十件，以及文化名人董作宾、谢无量、溥儒等的书画作品。至可惜可哀！

这一期间礼传的书法只有他妻子张慧娟保存的两封在广西他们未结婚时礼传写给她的书信。我在香港整理他的遗物时见过这两封书信，书信以毛笔书写于普通信笺纸，颜体蝇头小楷，结体严谨，用笔一丝不苟，横画瘦劲，竖画凝重，可以看出是习自颜真卿的《颜勤礼碑》。这两封书信因为是二老婚前的通问，有相当的纪念意义，所以我决定把它们留在香港交由他女儿保管，可惜在他住所重新装修时，连同其他书籍一并被遗弃，可惜之至！

香江岁月

1950 年　庚寅

三十九岁

❖年初，只身一人前往香港谋生，寄食于陈子昭创办之荣丰隆行。

❖是年大女儿大妹在村口东溪溺亡。

1950 年初，陈礼传在家乡安置好老母亲之后，又将三弟礼廉及妻子张慧娟安排至汕头市府税局工作，两个女儿则随老母亲居住岛门村，他只身一人前往香港寻求发展。大女儿（大妹）后来在村口之东溪溺水身亡。

自从回到家乡岛门村，陈礼传由一个政府官员、抗战功臣转瞬变成一个穷书生，以致到香港时身无分文。“人只怕不去做，成功非艰。以不佞为例……离乡，抵达香港，尚要向同行之人借港币一元，始能搭公共汽车入市，经过四十余年之文教工作，儒素自甘，时至今日富（文化之出版，书画之公展）甲一方，名扬国际，有事实可考……”（1993 年 5 月 21 日致澄海文博研究会执事函）

他初到香港，身无分文，只能寄食于其叔公创办之荣丰隆行。“余自庚寅……南走香港，初寄食于南北行街荣丰隆行，终以陶朱业非余素愿，越岁移居九龙，之后继续初衷，从事文化活动。”（《乐善堂中学退休告别同僚感赋》并序）

荣丰隆行当时已聚集一大批乡亲族人。他在《岛门同乡亲友丙寅虎岁春节联欢纪盛》并序有述：

吾乡岛门，位于澄海县西，介于潮安与饶平两县之间，韩江支流，对岸相望，县制属上华区，共有七乡。岛门丁口不过二千，陈、林、吕、温四姓居之，陈姓为大族。乡民以农为业，除五谷外，有阳桃、甘蔗出产。十九世纪初期，海禁大开，乡人有冒险者，乘搭大帆船赴暹罗谋生，亦有前往安南（今称越南）、

实叻（今称新加坡）者。十九世纪二十年代，乡先辈陈公子昭，乳名“振荣”，族号“学宠”，读完私塾之后，即赴暹罗，在舅公廖宝珊公之酒店任职，稍后奉舅父之命，前来香港开创荣丰隆行于文咸西街十八号，经营暹米，及创廖荣兴银庄，利便……汇兑，再设“南美出入口庄”于行内三楼，为个人经营事业。创业之初，须用人员，先后引用岛门宗亲。被引用者有尧卿、焕茂、开祥、开泰、恒来、两保、立庭、传安、立城、遗石等族人。礼传则奉命赴省城升学。子昭公逝世后，卓坚继承遗志，再引用立信、焕贞、阿文，均能奋勉从公，卓坚计然有述，继志后，扩张业务，大展宏图，成为亿万富翁，为岛门海外经商特出人物。早期，乡先辈子昭公栽培子侄辈，时至今日，有已蜚声国际艺坛，有已儿女成群，有已学业成就，均能出人头地。今岁春节联欢，老少咸集，济济一堂。接遗石寄来是晚联欢照片五帧，喜极。饮水思源，爰执笔记之，分送同乡亲友作为永念也。

国立中山大学法学士、“中华学术院”哲士陈礼传识于九龙

1951 年　辛卯

四十岁

❖离开荣丰隆行，移居九龙翠屏道，从事文化活动。妻子也获准离开汕头，带二女儿妙芳来香港团聚。

❖由台湾监察机构出具其服务年资级俸勋奖等内容的证明书，列一〇九号。

❖开始执教生涯。

“终以陶朱业非余素愿”，1951 年，陈礼传离开荣丰隆行，移居九龙翠屏道，继续他的初衷，从事文化活动。是年，妻子张慧娟也获准离开汕头，带二女儿前往香港团聚，离汕时由汕头市府税局局长帮忙办理赴港手续，并资助旅费人民币五十元。因经济拮据，张慧娟不得不将丈夫存在汕头之铁箱及江西景德镇宴席用具瓷器一套（时值人民币一百元）当于他人，共当得人民币二十元，补充旅费。由此可见陈礼传为官时的清廉，正如他所写的诗句“飘扬衣袖卷清风”一样，如今读来，不由令人肃然起敬。张慧娟到香港之后，因教书收入不多，全家人生活更加清苦。好在得到族叔卓坚（陈子昭四子）资助，送他一小门店，取名“巴西商店”，在九龙城衙前园村石塘街十三号经营日杂小商品，由妻子负责打理。“至一九五〇年……飘零海峤，转瞬四十四载，今岁残年已达八十又三矣！

回忆前半生，蒙先叔公子昭大人之栽培，服务两广有年，柏台风清。飘零香港，叔台之爱护，获赐居所，经营小生意，内外数口赖以维生（时每月汇寄人民币十元至岛门作老母生活费），过后将生意交由内子负责，从事教育，弘扬文化，儒素自甘。”（1994 年 4 月 20 日致卓坚四叔函）

陈礼传自中学时代开始收藏名家墨宝，1950 年赴港，将所藏墨宝及证件留在家乡，后全数被缴。1951 年，因找工作需要，由台湾地区监察机构于 1955 年 3 月 16 日出具其服务年资级俸勋奖等内容的证明书，列一〇九号：

查陈礼传于民国卅二年四月起充任本院广东广西监察区监察使署调查员，卅三年十月晋升荐任秘书，卅四年十二月调任总务科长，卅七年九月该署结束，本院两广区监察委员会成立，该员留用，仍任总务科长，同年十一月免职。又查该员历任职务，均经铨叙合格，最后叙支荐任四级俸三四零元。又查该员曾于卅七年十月领有国民政府颁发第五五五二号胜利勋章一座。

特予证明

此证

院长于右任

1952 年　壬辰—1968 年　戊申

四十一岁至五十七岁

❖执教于九龙启德学校、香港德教学校、港九潮州公学夜中学。

1969 年　己酉

五十八岁

❖在香港为母亲蔡太夫人举行八秩晋一寿庆。由中山大学香港同学会发起，郑彦棻执笔作《太夫人八秩晋一大寿征诗文引》。马宗庆、潘小磐分别作序，共收到政府官员、师友送来的贺诗、书画、词及联句一百多件。后经精心编辑，汇成《陈母蔡太夫人八秩晋一寿言集》。

❖3 月 31 日，被选为中山大学香港同学会会员部主任。

❖9 月 9 日，在香港创办正风教育出版社，任社长。副社长陈明廉，总编辑吴昌荣。

1969 年农历己酉年，他有两件值得高兴的大事：一是农历正月十二日庆祝慈亲八十晋一大寿并将贺文汇编成作品集；二是在香港创立正风教育出版社。

由中山大学香港同学会发起，郑彦棻执笔《太夫人八秩晋一大寿征诗文引》，马宗庆与潘小磐作序。

马宗庆序：

今岁己酉正月十二日为我中山大学学友陈礼传兄之令堂蔡太夫人八秩晋一寿辰，香港同学会诸君子谋寿之以文，诸师长及海内耆宿从而题之，盖所以显孝道而彰懿德也。余不文，然与礼传兄为同学同乡同志，彼此素以国士相期许，矧曾屡亲慈颜，恭聆徽音，仰慕太夫人生平懿德，义有不容已于言者焉。

礼传兄与余缔交于云南汀（澄）江，维时抗战方殷，中大播迁古滇，蒿目时艰，课余辄于三元宫一灯如豆之下，谈论救亡图存之道。礼传兄常慷慨陈词，志节坚贞，溢于言表，忠党爱国，具见赤诚。默察其平素待人接物，直而不婞，刚而不猛，退而处众，勇以共事，洵铁中铮铮，屹然而有立者，心窃慕之。当其时故乡沦陷，接济中断，众皆唏嘘叹息，礼传兄独坦荡，谈笑自若，力言否极泰来，毋惧毋馁。余之能不半途而废，毕其所学者，得之于礼传兄淬励为多。离校后，余奔走西北，礼传兄之粤桂，在艰弥励，卓著劳绩，获国民政府主席蒋公颁给胜利勋章。余奇礼传兄之为人，初不知其坚强豪迈性格之所自，比三十五年，余返自天山，重游五羊，始悟彼贞毅之力，其源实出于贤母焉。盖时礼传兄方膺职于两广监察使署，迎养太夫人于广州，弱弟幼妹，以俱母慈子孝，兄友弟恭，各修其份，一家怡然。以是而知太夫人教子持家之有道。余二度闲居礼传兄处，不独贤伉俪热情感人，而太夫人犹体贴入微。曰："你为礼传友，亦犹吾儿耳，毋拘也。"提携抚爱，虽我母不过如是。古所谓幼我幼以及人之幼者，不期于今日炎凉世态中得之于太夫人也。娓娓为述往事，坦然无所遮，盖益知太夫人早岁门多屯蹇，克勤克俭，颠沛不移，卒以自强自立，居贫而乐，处困而亨，诚非寻常人所能及；平居节衣缩食，恤孤济穷，恺悌慈祥，助人为乐，对礼传兄则谆谆勉以报国为重。其卓识特操，知之者未有不由然慕也。夫惟贤德，乃有达后，证之于礼传兄忠业，益信其然矣。

欣逢太夫人寿辰，礼传兄方在港为复兴中华文化而奋斗，肃然祇敬，深致陟屺之思，遥祝萱堂日永，非伟大之母慈无以见子孝，非诚笃之子孝无以征母德。慈孝相孚，斯足世矣。余幸有机缘，饫闻太夫人之嘉言懿行，至今慈祥笑貌，记忆犹新。美兹令诞，永祝长春！谨述其所见如上，愧未能彰懿德于万一也。

己酉正月吉日，愚侄马宗庆拜撰并书，时客居台湾新竹

潘小磐序：

慈乌反哺，天性弗迁。古称仁孝，为百竹先。负米遗羹，史册所传。
母氏圣善，尤系念焉。失何我生，时至迍邅。转蓬海上，养晦青氈。
欲迎母老，欲归迹牵。汹涌波涛，渺渺云烟。低回瞻恋，中心悬悬。
但逢来人，致问拳拳。母居于乡，案其故椽。处庆顺变，语笑弗愆。
季子在侧，文孙在前。耳目聪明，步履轻便。时挟鸠仗，周历里廛。
乡邻加卬，望如神仙。齿跻大耄，当启桃筵。关山阻隔，有怀莫宣。
我知君心，君征我言。我谓纯孝，匪丰酥馇。存亡方寸，感格九天。
天祐哲母，必大其年。懿彼萱草，受日之暄。洵美且好，福泽绵绵。
谨献此辞，以慰颖川。使母闻之，亦当莞然。
礼传仁兄为其太夫人九秩开一大庆征诗文，献此以代升堂称觞。即希雅正。

已酉春日，弟潘小磐贡稿

陈孝威贺联并序：

陈母蔡太夫人今年八秩晋一，哲嗣礼传欲为之奉觞以承欢，而太夫人羁留于故乡，千里遥隔，欲报乌私亦无由也。中山大学同学会代为之征文以寿，一以抒太夫人念子之心，一以补礼传孝思之怀，甚美事也。抑亦复兴中华文化伦理之一道也。因撰是联以应，工拙固非所计，但冀社会群起而倡孝道，则幸甚矣。

文字报春晖，聊补慈闱思子意；
乡间增耄寿，堪舒子舍念慈心。

戊申季冬七七叟宗孝威敬祝

谢冠生贺诗：

板舆颐养滞珂乡，梓舍成名获训彰。耄耋遐龄萱不老，锦堂欣诵九如章。

孙科贺词：

庆溢南陔。

张其昀贺词：

萱堂春满。

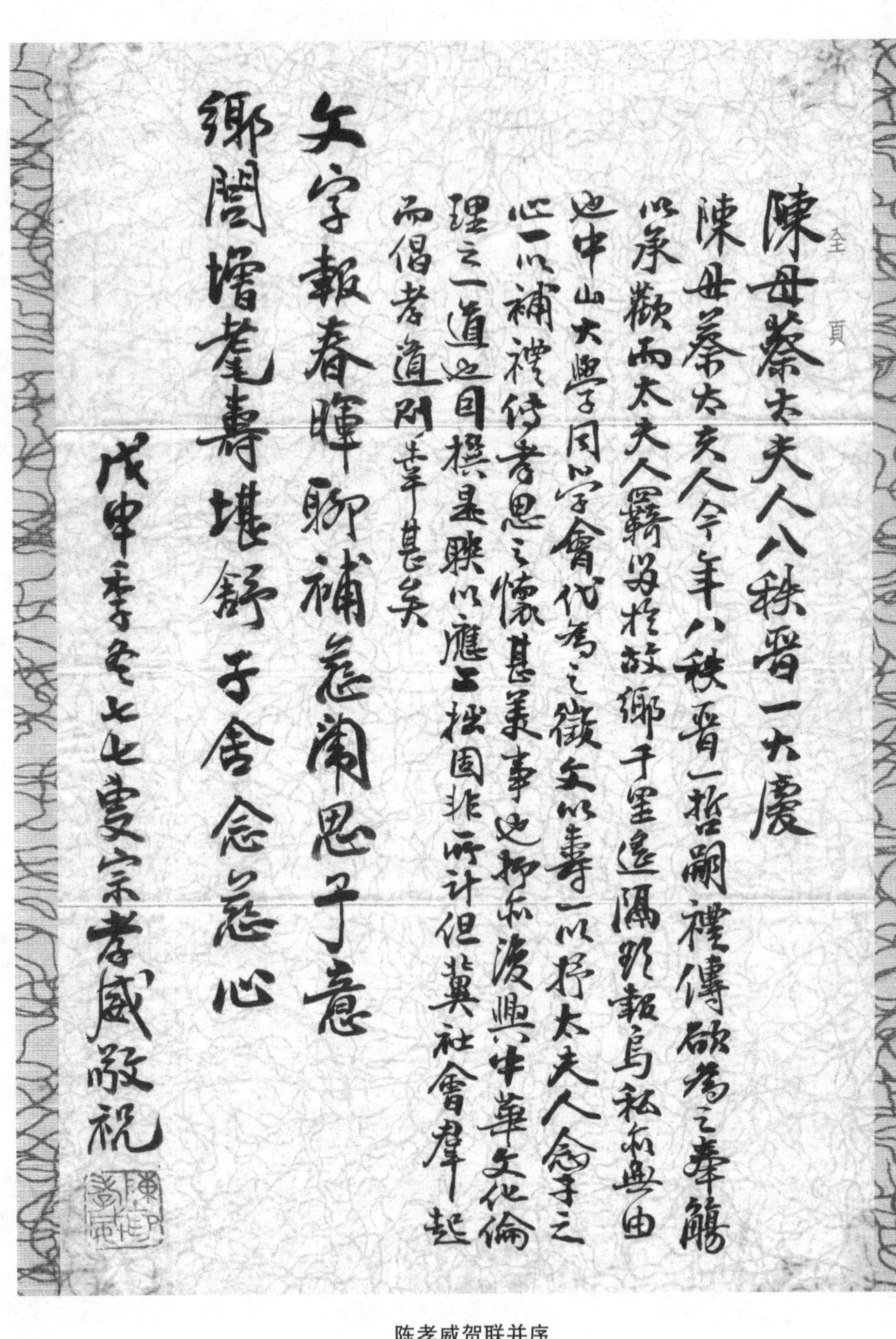

陳母蔡太夫人八秩晉一大慶

陳母蔡太夫人今年八秩晉一哲嗣禮傳欲為之奉觴以承歡而太夫人羇留於故鄉千里遙隔既報烏私亦無由也中山大學同學會代為之徵文以壽一以抒太夫人念子之心一以補禮傳孝思之懷甚美事也抑亦復興中華文化倫理之一道也因撰是聯以應工拙固非所計但冀社會群起而倡孝道則幸甚矣

文字報春暉聊補慈闈思子意

鄉閭增耄壽堪舒子舍念慈心

戊申季冬七七叟宗孝威敬祝

陈孝威贺联并序

板輿頤養滯珂鄉梓
舍成名荻訓彰耄耋
遐齡萱不老錦堂欣
誦九如章

陳母蔡太夫人八秩晉一榮慶
謝冠生敬祝

谢冠生贺诗

梁寒操贺诗：

白花闻补笙诗逸，玉树看翻彩舞新。山海岂拦情远到，孝思不匮永彝伦。

王世杰贺词：

温良受福。

谷正纲贺诗：

云蔼高堂庆悦辰，称觞香岛见真纯。瑶池果熟蟠桃美，璇阁筹添海国春。
阃训能敷羡令子，慈心堪式裕芳邻。花开九秩膺天锡，萱草长看寿色匀。

陈崇兴贺诗：

郡肇颍川澄海衍，华乡蔡氏太夫人。杼机圣善尊贤母，钟郝遐龄设悦辰。
玉树政声观察辅，孙枝葩锦簇丛新。望云亲舍遥觞舞，愿上芜词祝嘏申。

陈风子贺词：

萱寿延年，祥征八一，明月有恒，诗颂九如。

张维翰贺诗：

梓舍书来述母仪，贤钦画荻蔚英奇。方欣粤岭承欢日，忽适神州变色时。
澄海倚闾绵鹤算，香江陟屺郁乌私。知兴向义俱堪纪，走笔临风一寄诗。

郑彦棻贺诗：

郡邑称生佛，延年美意长。云开遥见月，瑞霭起珂乡。

沈昌焕贺词：

如罔如阜，永炽永昌。兰桂竞秀，宝婺腾光。

王世杰贺词

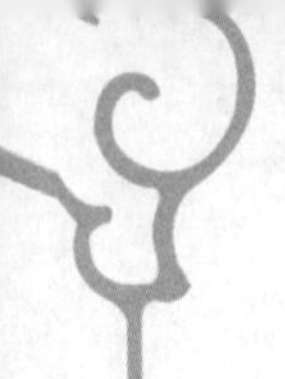

陳母蔡太夫人八秩晋一大慶

雲藹萱堂慶悅辰
稱觴香島見真纯
瑶池果熟蟠桃美
璇閣籌添海國春
閫訓能專羨令子
慈心堪式裕芳鄰
花開九秩膺天錫
萱草長看壽色匀

谷正綱 敬祝

谷正纲贺诗

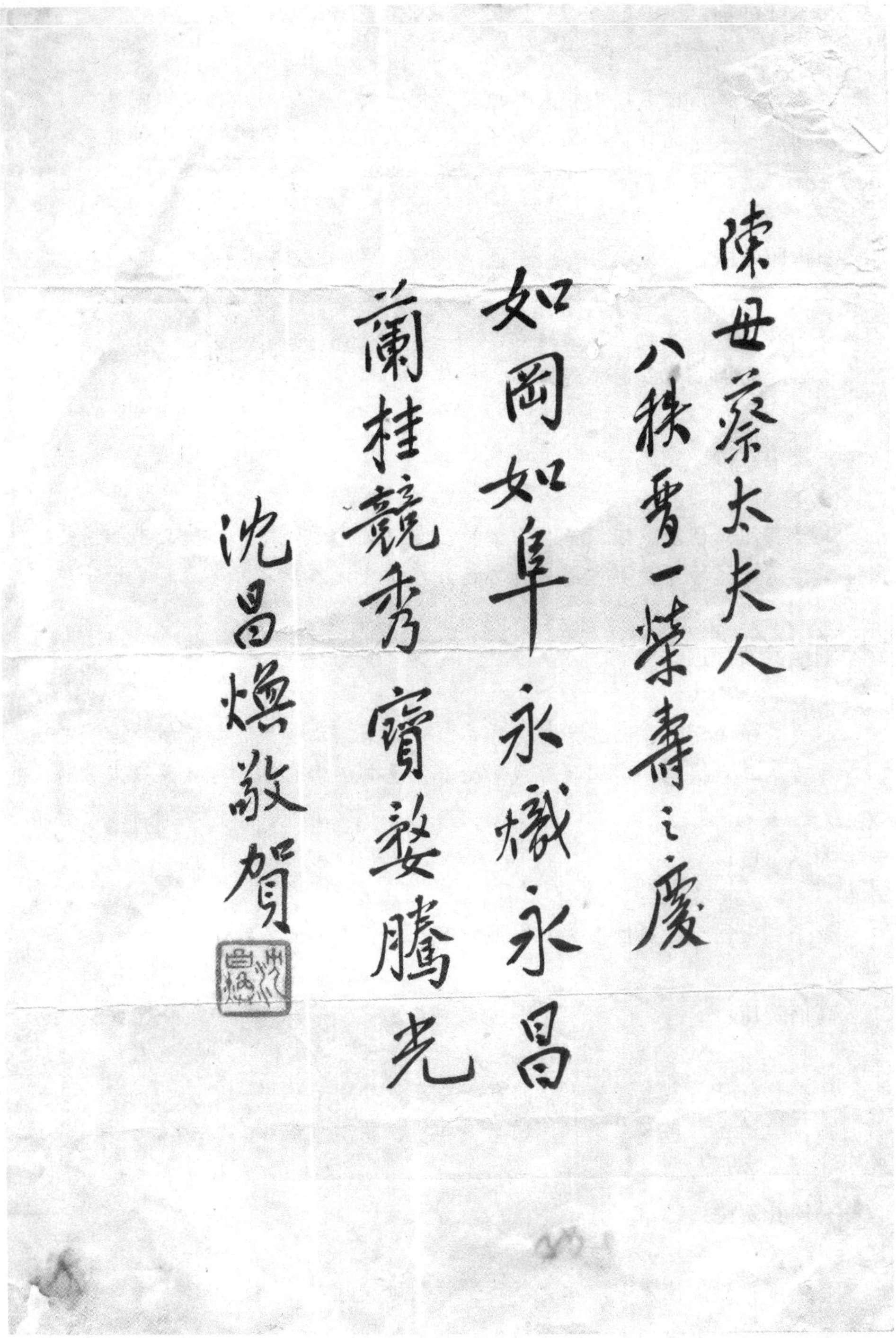

陳母蔡太夫人
八秩晋一榮壽之慶
如岡如阜永熾永昌
蘭桂競秀寶婺騰光
沈昌煥敬賀

沈昌焕贺词

黄季陆贺词：

猗软贤母，系出名门。相夫有道，克俭克勤。居贫而乐，处困则亨。
乡闾启敬，戚党称仁。义方教子，明法入官。北堂迎养，菽水承欢。
年登大耄，俾寿而康。兰陔日永，慈竹春长。

王世昭贺联：

舞采蔽浮云，有子不羁羡范母；
奉觞无羽翼，趋庭引领寿麻姑。

黄维琨贺诗：

入望河阳草已滋，依依亲舍看云移。圣言长念无违意，惇史应书不匮思。
坐想瑶池桃屡熟，更占蓬岛日方迟。八旬吉诞添寿算，喜为临风晋一卮。

刘侯武贺诗：

相夫教子心无愧，睦族亲邻力亦殚。处困居亨如一致，好将榜样与人看。
枝萱早具亡忧意，去国犹存戏彩心。不已邮筒彰母德，令人感兴发歌吟。

谭淑贺诗：

孝子成大器，仁慈恤友邻。舆迎知有日，福寿乐长春。

高信贺诗：

岭表称贤母，徽音播海埏。履危心益泰，处变节弥坚。
教子安儒素，居乡享耄年。婺星遥在望，慈寿祝绵绵。

马树礼贺诗：

贤哉陈母，淑德流芳。和丸画荻，哲嗣腾骧。
瞻彼白云，亲舍相望。奉觞遥祝，既寿且康。

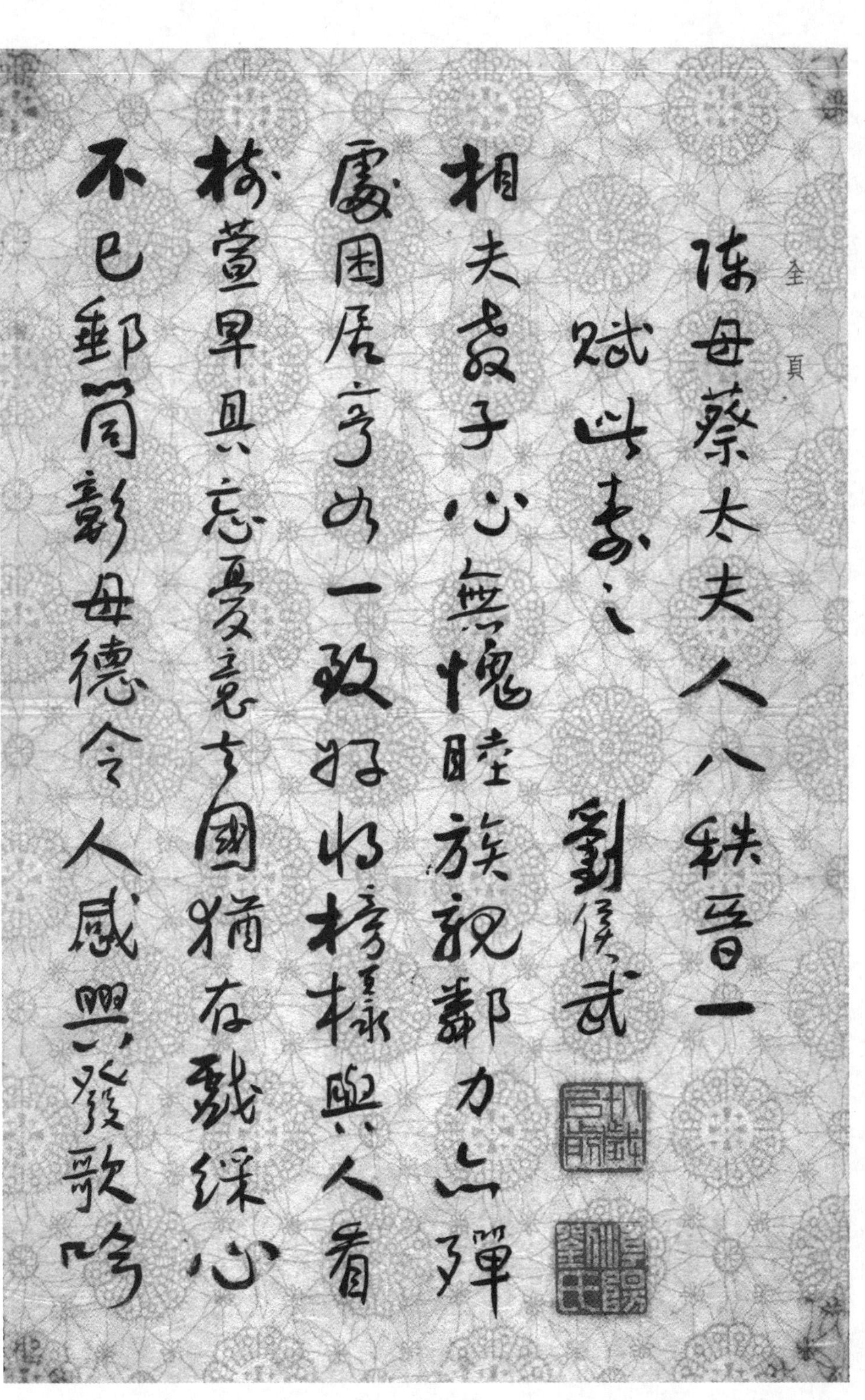
陳母蔡太夫人八秩晉一
賦此壽之　劉侯武
相夫教子心無愧
睦族親鄰力亦殫
處困居亨如一致
好將榜樣與人看
樹萱早具忘憂意
去國猶存戲綵心
不已鄉閭彰母德
令人感興發歌吟
全頁

刘侯武贺诗

黄旭初贺联：

嗣勋有耀光贤母；君寿无疆侣众仙。

胡庆育贺诗：

天公原福善，仁者得遐年。闻德高闾里，贤声播陌阡。
有儿佐包老，无愧对金仙。计日两京复，莱衣舞膝前。

李朴生贺诗：

陈母有厚德，乡人以为则。哲嗣有丰功，世人认为雄。
王母蟠桃熟，隔海遥申祝。新春奉一觞，萱堂寿且康。

林翼中贺诗：

女嫦星耀仰流徽，采撷南陔愿岂违。宝树三株方灿灿，春晖寸草故依依。
范滂有母宁辞国，温峤无裾但识儿。今日海天遥晋爵，白云深处是慈闱。

曾克耑贺词：

壶训高季。

王韶生贺诗：

地动天回历世难，廿年羁旅志承欢。乡居社里无嫌怨，仕宦儿曹亦好官。
纯嘏定从苍昊锡，娱亲权作彩衣看。忘忧花草兼长乐，更放春阳四海安。

袁守谦贺词：

春暖萱帷。

蒋复璁贺诗：

贤母教子，移孝作忠。文教宣劳，海隅树功。
天祚萱闱，福寿攸同。以慰孝思，锡类融融。

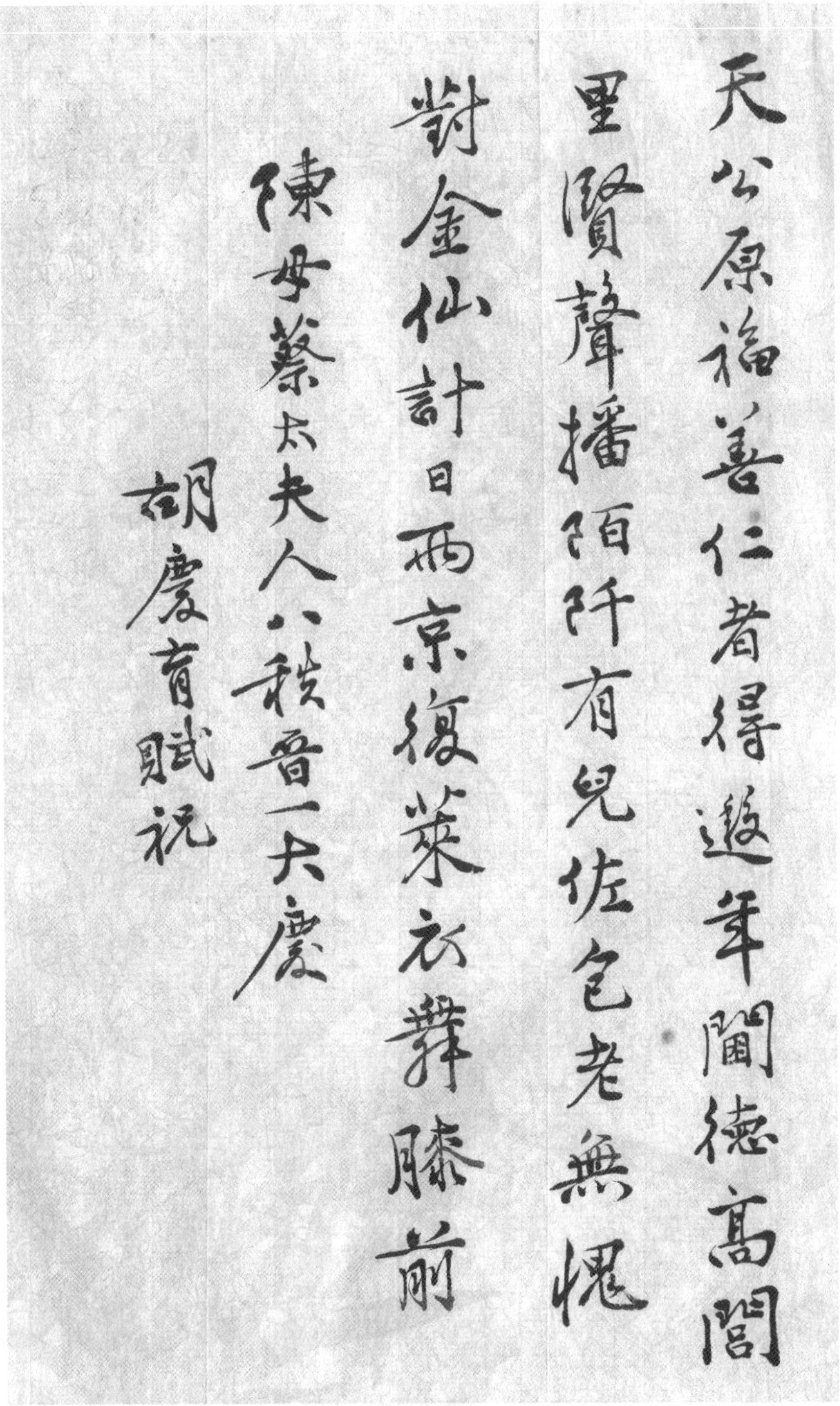

天公原福善仁者得遐年闡德高閭
里賢聲播陌阡有兒佐邑老無愧
對金仙計日兩京復萊衣舞膝前
陳母蔡太夫人八秩晉一大慶
胡慶育賦祝

胡庆育贺诗

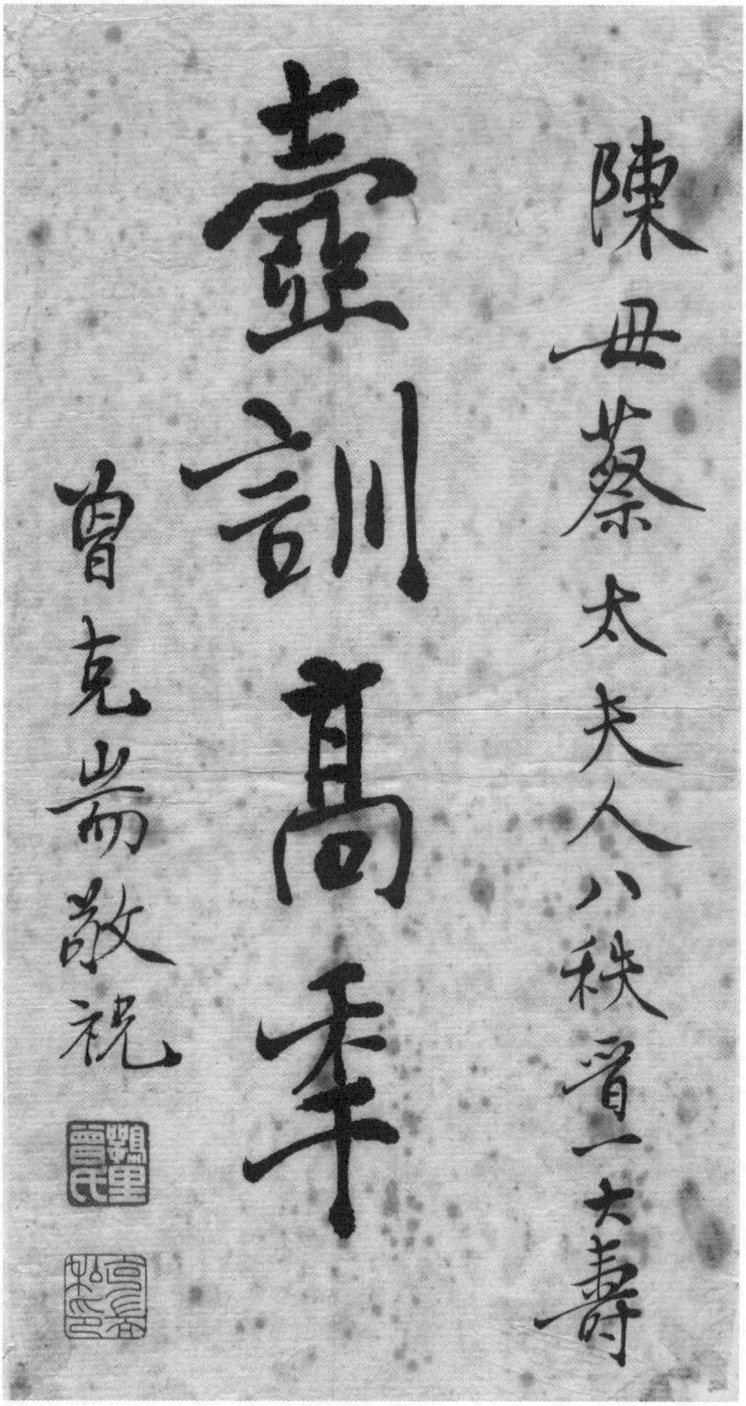

陳母蔡太夫人八秩晉一大壽

壼訓萬年

曾克耑敬祝

曾克耑贺词

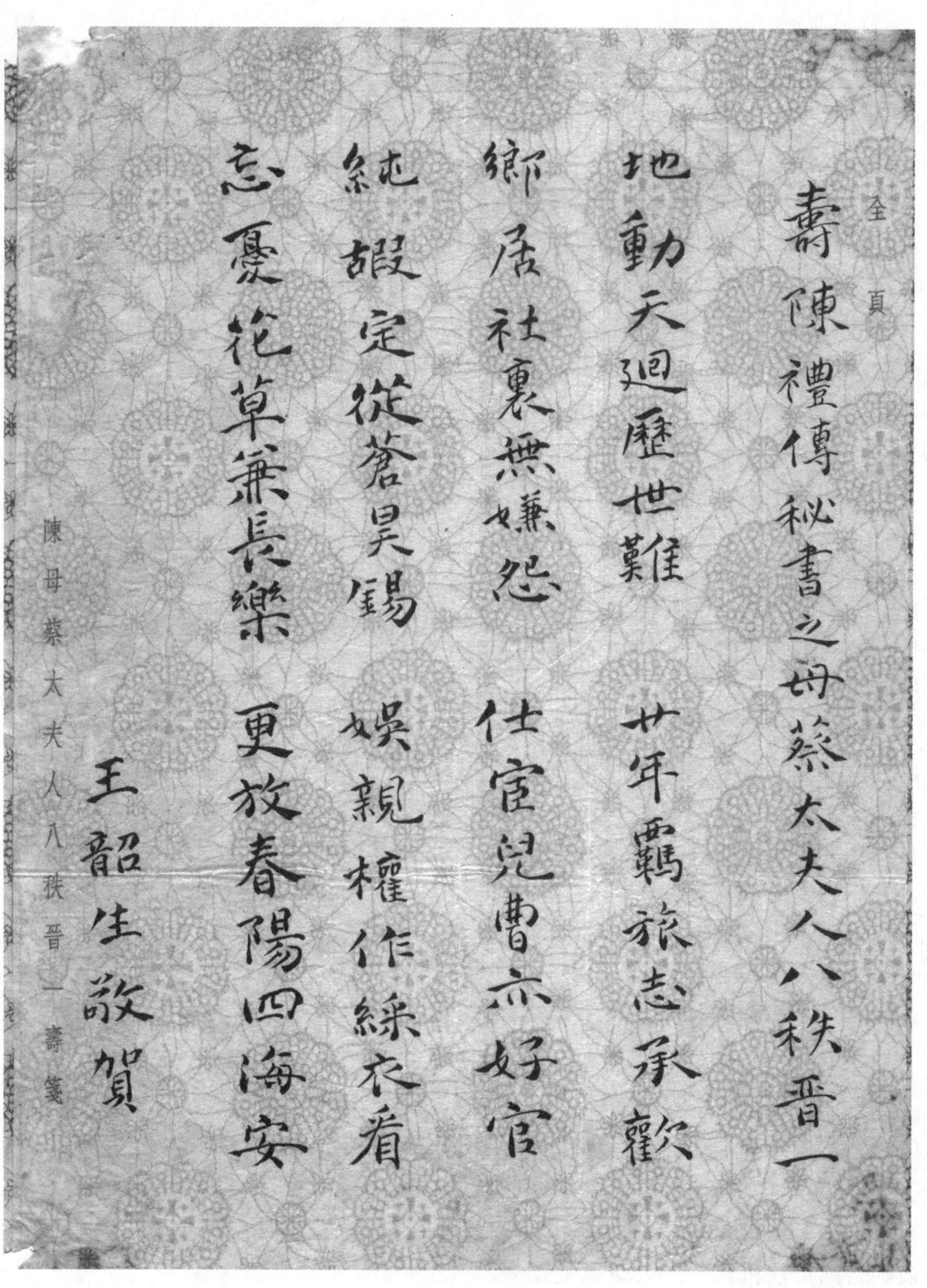

全頁

壽陳禮傳秘書之母蔡太夫人八秩晉一

地動天迴歷世難　廿年羈旅志承歡
鄉居社裏無嫌怨　仕宦兒曹亦好官
純嘏定從蒼昊錫　娛親權作綵衣看
忘憂花草兼長樂　更放春陽四海安

王韶生敬賀

陳母蔡太夫人八秩晉一壽箋

王韶生贺诗

林仲服贺诗：

且憙萱帏悬帨日，恰逢杏陌放花时。人间春昼堂堂永，天上白云故故迟。
谁阻循陔虚夙愿，坐令戏彩费神思。知君述德异流俗，衮衮诸公争铸辞。

蔡太夫人寿辰共收到各方送来的贺诗、词、书画及联句一百多件，经精心编辑，汇成《陈母蔡太夫人八秩晋一寿言集》。陈礼传也赋一律致谢：

今岁己酉正月十二日为家慈九秩开一寿辰，荷蒙海内外长官师友暨乡先生体其乌私，赐以鸿制，感幸之余，赋此致谢。

九天高降客星辉，光入寒家照慈帏。献画有图皆松鹤，题词无字不珠玑。
承欢难报春晖日，燕喜原非鲁侯时。如此欣荣如此幸，北山应颂南山诗。

那时候，香港受英国殖民统治，港人普遍接受西方教育，淡薄中华传统文化。为辅导港人及推广华文教育，陈礼传先后任教于九龙启德学校、香港德教学校、港九潮州公学夜中学、九龙乐善堂中学，担任过中小学主任、校长、大专讲席。

他目睹香港的教育文化现状，对于传统伦理文化日趋式微无不忧心，遂于1969年聚集一批有识之士，倡议成立正风教育出版社，旨在弘扬中华文化以及辅导港人教育。此倡议经一致同意通过，并推举陈礼传为社长，陈明廉为副社长，吴昌荣为总编辑。出版社于是年9月9日正式成立。

1970年　庚戌

五十九岁

❖出版《陈母蔡太夫人八秩晋一寿言集》。

《陈母蔡太夫人八秩晋一寿言集》是正风教育出版社出版的首部著作，题端者为台湾司法机构负责人谢冠生先生。

1972年　壬子

六十一岁

❖受乐善堂中学校长黄福铃之聘，任该校文史教席。

❖出版《思源堂杂钞》，诗人潘小磐作序。

1972年，陈礼传的第二部著作《思源堂杂钞》出版。这是正风教育出版社出版的第二部著作，题端者为诗家、书法家张维翰先生。

潘小磐作序：

昔在汉上，有题襟之集，新城有感旧之篇，大抵觞咏一时，易成陈迹。坐席三日，犹带余香，故断简弗减。夫零肌而尚友，尤珍夫集古也。余风尘结客，投赠盈瓢，俗务维营，不遑校录。日者，陈君礼传，拏舟而至，以《思源堂杂钞》见示，盖辑其师友书札，附以己作，裒然成册，鱼丽不绝，螺点犹新。私佩萤案之特勤，而又讶祖鞭之先我也。其中佳翰，有为余闻声起慕，只知姓名者；有为余倾盖偶逢，曾通款曲者；也有都门琴隐，人海陆沉，情淡薄而自甘，笔飞腾而弥逸者。尹公它取友必端，晏平仲久而逾敬。余乃匡衡凿壁，余照分霑，子敬山阴，应接不暇，未偿非大快事也。然而陵谷推移，阴阳变异，数十年间，铁马琱戈之扰攘，回风落日之周遭，几何不断梗漂波。芳兰忌斧，迷阴满地，嗟却曲以难行；网罗在天，问差池而焉避。或嵇康性傲，早蹙于援琴；或宾王名高，竟伤于化碧；或公冶非罪，陷缧绁而英明；或李贺呕心，赴玉楼而早殒。遂使黄垆再过，邈若山河，辽鹤空归，都非城郭。伯喈之书已散，相好之札谁收！怅望千秋，恫惶寸念，则此戋戋者容，或吉光片羽，神豹之一斑。谨出燔余，得无神护。而婴心世劫，扼腕贤良。子车黄鸟之哀，蓟老金仙之感，也将纷纭纸上，回薄胸中。能勿开卷怃然，同声一叹也哉！幸在而烟波缴外，犹存介舟鸥鹭；洲边时和，渔唱天佑。斯文而未丧，人乐土音而不忘。

君诞昌黎作牧之乡，擅王珣如椽之笔，烽烟播越海峤，流漓儒素自甘；绍黄弗舍，雅好夫篇章；黄娟妙辞，遂盈夫荚笥，安可使丰城剑隐。太乙藜燔，辄或拜付钞胥，互为骖薪。嗟嗟，千古寸心，信鸿文之有托；一台二妙，亦吾道之不孤。侨札有缘，爰为喤引，史流急就，岂尽予怀。

壬子初秋白露节，潘小磐序于太平山下

毛松年则题诗曰：

一卷琳琅集友声，并时人物见交情。墨花自是能传后，灿烂千春照眼明。

《思源堂杂钞》出版之后，受到各方来信好评。

田炯锦函：

……承赠《思源堂杂钞》一册，具征执事，提倡复兴文化、发扬国粹之精神，无任钦佩……

史延程函：

《思源堂杂钞》均已阅悉，深感孝思永垂，无任钦佩……

陈崇兴函：

大作《思源堂杂钞》及朋簪翰墨裒集成册，当时只觉得寻常事，往后回思便有情。佩甚佩甚……

周士心函：

……大著《思源堂杂钞》，回读至再，字字珠玉，珍逾百朋。吾兄光风霁月，行谊事迹，足堪楷式。益以名人书函传世，也必矣……

林翼中函：

华翰并《思源堂杂钞》，缅潘岳之家风，诵颜氏之庭诰，溯清芬于奕叶，仰懿范于萱闱，先德得以阐扬，子职无惭绍述。且也大邱道、广邮筒，集时彦之嘉言；平仲善交，虚堂来故交之謦欬。是则什集而存，可备家乘，不亦美欤。循诵之余，敬佩无量……

陈鲁慎函：

尊著《思源堂杂钞》正制，敬谨拜收。知人论世，功在斯文。探本溯源，嘉惠来学。关心国运，寿世良谟。展诵再三，倍增敬佩。至于真迹之保存、设计之高雅、印刷之精良、订制之完善，尤见匠心独运，是又岂洛阳纸贵，传诵士林已哉……

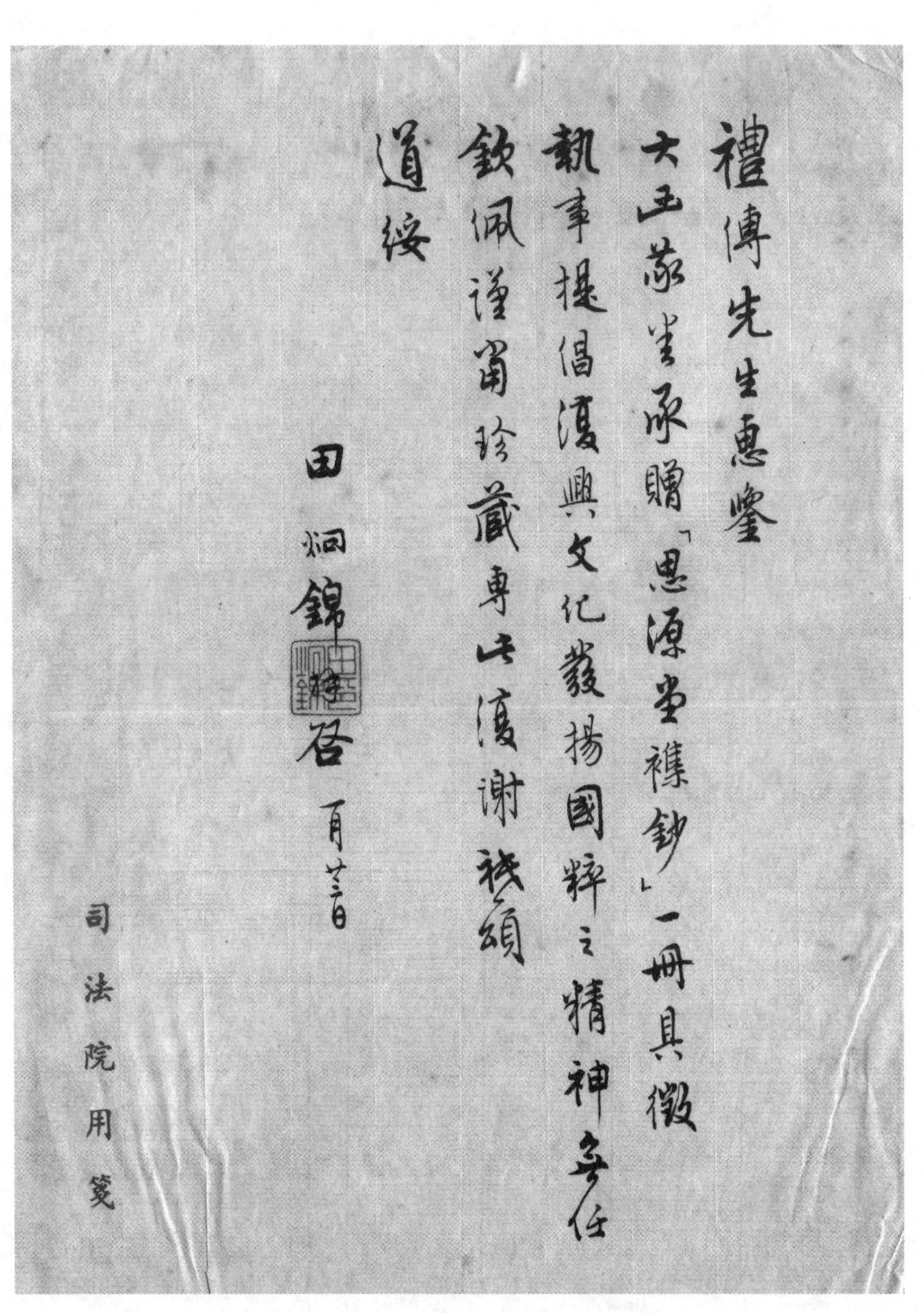

禮傳先生惠鑒

大函敬悉承贈「愚源堂襍鈔」一冊具徵

執事提倡復興文化發揚國粹之精神無任

欽佩謹當珍藏專此復謝祗頌

道綏

田炯錦啓　月廿二日

司法院用箋

田炯锦函

周士心函

禮傳吾兄硯席：頃接
華翰並思源堂雜鈔，緬潘岳之家風，誦顏氏之
庭誥，溯清芬於奕葉，仰　懿範於萱闈，　先德
得以闡揚，子職無慚紹述。且也大郎道廣，郵筒
集時參之嘉言，平仲善交，盧堂來故交之謦欬，
是則什集而存，可備家乘，不亦美歟。循誦之餘，
敬佩無量，肅此奉復，藉布微忱，謹候
教祺，並頌
春禧。　弟林翼中敬啓

林翼中函

任觉五函：

《思源堂杂钞》一册均早奉到，殊足珍贵。当妥存此书，备不时翻阅也……

何善衡函：

惠来《思源堂杂钞》一巨册，其中大文煌煌，多为尊著，拜诵之下，心肺俱清，佩服佩服……

蒋复璁函：

惠赠《思源堂杂钞》一册，敬谨拜登。展诵之余，无任佩仰！除交本院图书馆藏供览外，谨函申谢。

这一年，又逢乡贤陈素无那先生八秩大寿，陈礼传作诗一首为贺：

韩水漾漾，韩山峥嵘。曰孕曰毓，诞降先生。少慕汤武，偶言革命。
有才如锦，有识如镜。小试牛刀，曾宰嘉鱼。顺民之情，去有令誉。
圣战伊始，忧心忉忉。吾随先生，言服其劳。党于港澳，既置总部。
先生奉命，为之撍吾。先生为人，滑稽突梯。方朔切肉，张敞画眉。
出其绪余，而为文辞。清新婉约，兼而有之。爰居宝岛，一州之宗。
八秩而登，百年而颐。

1973 年　癸丑

六十二岁

❖作诗贺两广监察使刘侯武（1894—1975）八秩大寿。

❖11 月 25 日去函梁寒操，代表中山大学同学会询问在台湾恢复中山大学一事，11 月 28 日得梁寒操复函。

1973 年，监察使刘侯武八秩大寿，陈礼传贺之以诗：

当年监两广，鞶鼓日追随。

辗转求民隐，崎岖忾敌机。
人情吓腐鼠，世变曳泥龟。
不觉公黄耇，跽觞敢以祈。

又读香港《工商日报》，得知梁寒操向台湾当局提案，请求恢复台湾中山大学，无比感奋，并去函梁寒操：

公提请政府早日恢复中山大学一案，读后感奋无已！……希望本次公筹提案得能实现，岂止母校师生之幸，亦海外千万侨胞之望也。

11 月 28 日得到梁寒操的复信：

礼传先生左右：

廿五日惠示奉悉，关于中山大学在台复校案，已于全会决议交中常会研究办理。实望此次中央常会能决定，迅付执行，以符各校友之期望也。

专此至复。

敬颂

时祺

梁寒操

十一月廿八日

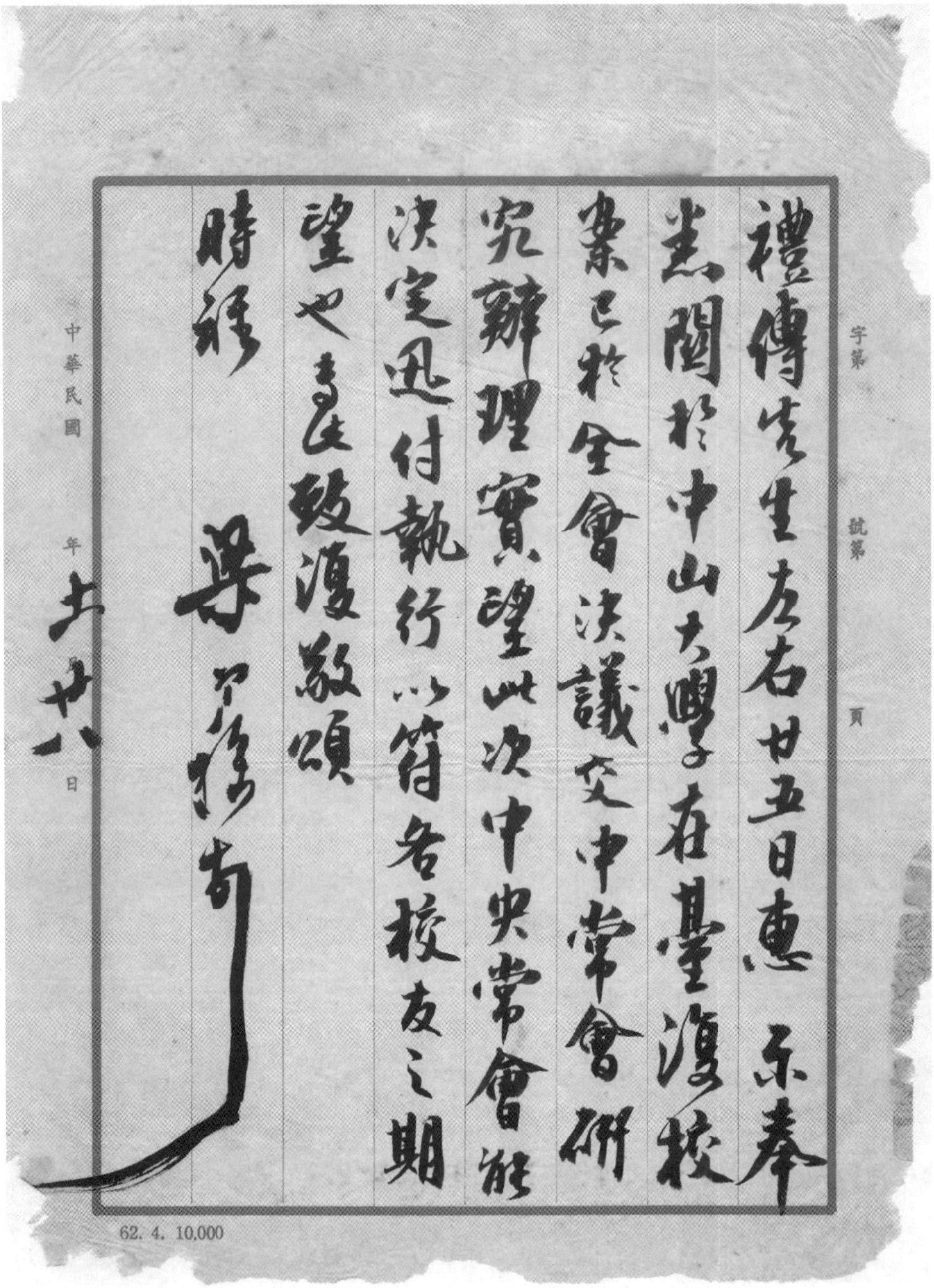

禮傳先生左右：廿五日惠示奉悉。關於中山大學在臺復校案，已於全會決議交中常會研究辦理，實望此次中央常會能決定迅付執行，以符各校友之期望也。專此致復，敬頌

時綏

梁寒操敬啓

中華民國　年 十一 月 廿八 日

字第　號第　頁

62. 4. 10,000

梁寒操复信

1974 年　甲寅

六十三岁

❖编撰出版《六十年来海外潮州人物志》（该书被海内外学者誉为创新之作），并作《编印缘起》一文。

1974 年出版《六十年来海外潮州人物志》一书，影响最为广泛。该书为正风教育出版社出版的第三部著作，题端者为国际知名学者、香港大学校长黄丽松博士。陈礼传作有《编印缘起》一文：

吾潮大海环其外，揭岭峙其中，苍苍泱泱，山川美秀。且自唐赵天水开风会之先，从此人才辈出，卓荦英奇，霞蔚云蒸；踵武相望，明尤鼎盛；焜耀汗青，海滨邹鲁之称，岂偶然哉！若夫侨居海外各地之潮州人士，近六十年来不特人数日形增加，而经营各业亦如大海波涛，后浪推前浪，后尤浩瀚。其所成就，不仅工商，即于政治、文化、教育、科学、宗教等，览笔含实，倘不加以记述，将何以绍往绪而启后昆。诗云“维桑与梓，必恭敬止”，语云：人非无位之难，无令名之难也。爰本此义，邀集吾潮文人学士，编撰《六十年来海外潮州人物志》，以扬海外枌乡之芬芳，而供他日贤达作史作志之资料，用疏缘起并订简章，希海内外乡人君子当仁不让，力于匡襄，惠赐传记文章或资料，尤盼附赐有关图片，众擎易举，早观厥成。发潜德之幽光，为千秋之文献，缅怀俊彦，无任钦迟。仅布区区，敬希裁鉴。

癸丑正月澄海陈礼传谨志于香港九龙晚香斋

此部著作也被诸多学者大儒誉为创新之作。

张其昀函：

礼传吾兄大鉴：

承惠寄草编《六十年来海外潮州人物志》第一集，极有意义。此为创新之作，异日各地当有仿行者，但创始之功，不得不归于足下也。异时驾临宝岛，祈以叙谈为快。

此颂

著安！

弟张其昀敬上

四月十九日

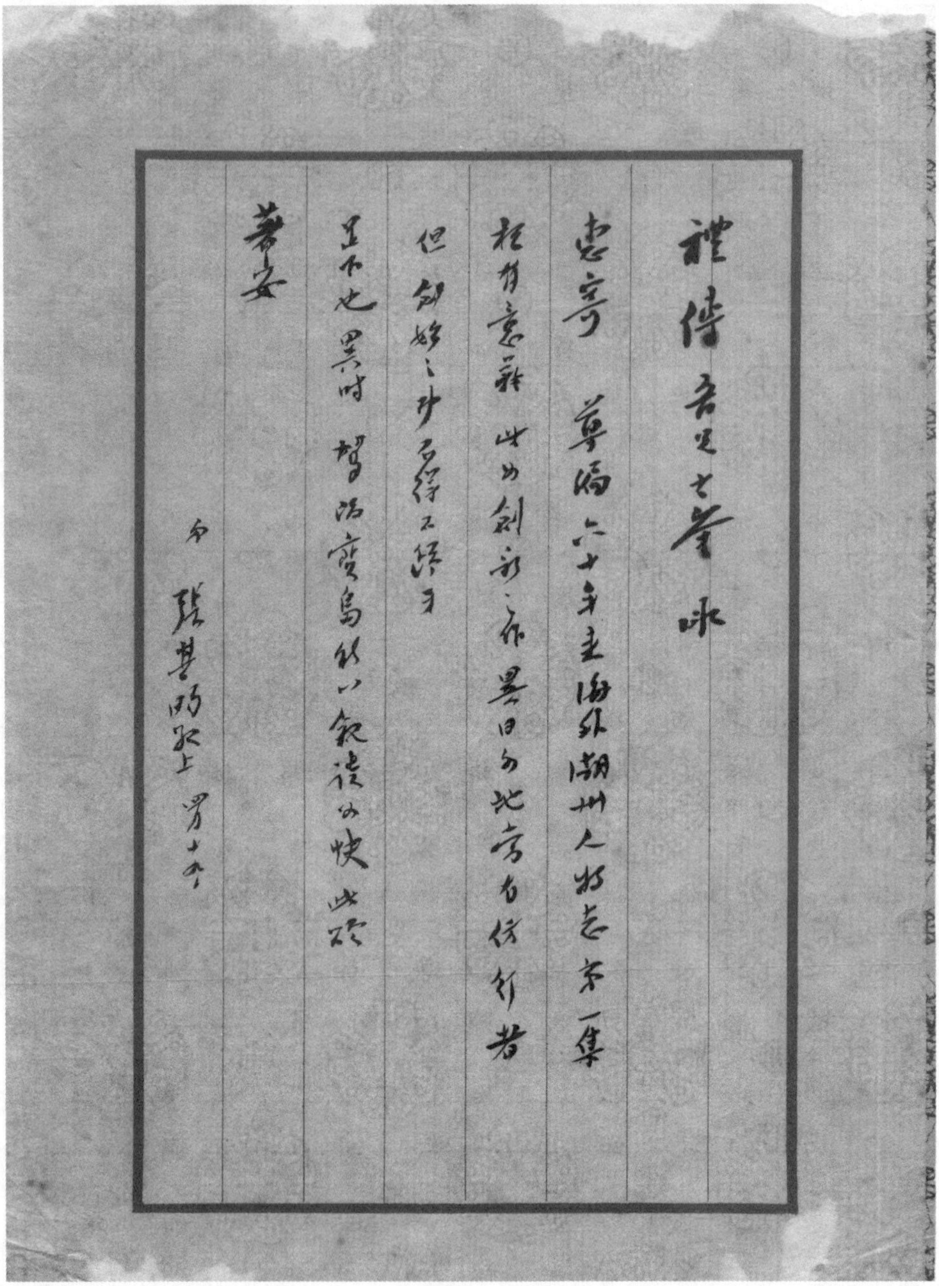

张其昀信

何敬群函：

礼传先生：

承惠赠《六十年来海外潮州人物志》一册，拜领，谢谢！此书具见岭东人物之盛，不仅足与潮州耆旧集后先辉映，而编排有法，文采烂然，实乃不朽之文献。展读再三，钦迟不已！

耑肃致意，并候

道祺

弟何敬群上

一月廿九日

林翼中函：

礼传仁兄惠鉴：

展诵华札并尊著《六十年来海外潮州人物志》第一集，至为钦佩！窃以地方志乘为可征之文献，备史家之采择。……兄创为斯编，实具深意，不独激励后进、蔚成大业已也。除将该书珍藏外，特此致谢！勿复。

顺颂

著祺！

弟林翼中敬启

一九七五年二月二日

珠海書院

中國文化研究所

所址：香港九龍亞皆老街一二四號　電話：K八四七六一七

禮傳先生

承惠賜六十年來海外潮州人物誌兩冊，拜領謝謝。此書具見嶺東人物之盛，不僅足與潮州耆舊集後先輝映，而編排有法，文采爛然，實乃不朽之文献。展讀再三，欽遲無已，端肅致謝，並候

道祺

弟何敬群上

一月廿九日

中華民國　年　月　日

何敬群信

礼传学长：

昨接《六十年来海外潮州人物志》，因我是读历史的，二十年前就旅行所见华侨热心人物，也曾出版过一本《我可佩的华侨朋友》，所以喜欢传记的文章。

大著中人物：郑午楼、苏君谦、陈景川、蚁光炎……诸先生都是二十多年前相识的朋友，（我曾住近陈先生的家）读大著如晤故人，其兴趣可想。

大著列有学问的人物在前面，最为得体。

您的其人其事是“明月清风”，以谢公（冠生）所书“正其宜不谋其利”为证，在今世滔滔浊流中，非常钦佩！您从事教育及文化事业，对青年影响至大。我数年前出版一本《我学历史的处世受用》小册，内有华侨发展简史一篇，另寄上。

即候

著安！

李朴生敬上

五月廿九

礼传先生大鉴：

接奉大札，闻悉先生发起编印近六十年来海外潮州人物志，实为吾辈后学之佳音。盖述有专著，杰出人士之丰功伟绩，嘉言懿行，得以表彰。后来学者，借之得以参考及自勉。此皆先生之功也。

复蒙惠赠《思源堂杂钞》一册，拜领之余，莫名心感。

谨此申谢，并候

台安！

香港大学校长黄丽松敬启

一九七四年一月廿一日

UNIVERSITY OF HONG KONG

From THE VICE-CHANCELLOR　　TELEPHONE 468161-70

禮傳先生大鑒：接奉

大札，閱悉　先生發起編印近六十年來海外潮州人物志，實爲吾輩後學之佳音。蓋逃有專著，傑出人士之豐功偉績，嘉言懿行，得以表彰。後來學者，藉之得以參考及自勉。此皆　先生之功也。復蒙

惠贈『思源堂雜鈔』一册，拜領之餘，莫名心感。謹此申謝，並候

台安。

香港大學校長

黄麗松

敬啓

一九七四年一月廿一日

黄丽松复信

1975 年　乙卯

六十四岁

❖5 月 25 日，在香港参加梁寒操（1898—1975）先生追悼大会，并献挽词。又作叠韵诗贺张维翰（1886—1979）九秩大寿。

❖8 月 15 日是结婚三十周年纪念日，师友纷纷题贺。

❖11 月 11 日，作词贺中山大学建校五十一周年。

❖申请加入香港陈氏宗亲总会。

1975 年 5 月 25 日，参加香港各界在中国文化协会举行的国士梁寒操先生追悼大会，并献挽词：

国失贤良，校失师表。

是年适逢张维翰先生九秩荣庆，陈礼传作除夕叠韵诗奉贺并序：

公滇人也，开国元勋，一生服务民国，历任监察院监察委员、云贵监察使、监察院副院长及院长，柏台风清，凡数十寒暑，荣休后隐居台北，寄情山水。平生所作诗文书法，世称三绝，蜚声寰宇。礼传昨岁偕妻儿有台北之行，居阳明山下侨园，蒙公厚爱召宴，临行拜辞又赐花莲名产花瓶一座，长者之风，毕生难忘。

一

芝兰玉树满庭除，共贺阿爷九十初。
怪底白头犹惕若，岂非仁义是蘧庐。

二

居官原不尚虚声，到处一琴一鹤清。
清者自清浊自浊，要留方寸子孙耕。

这一年 11 月 11 日是中山大学成立五十一周年校庆暨台北校友会新会落成，作为中大学子，陈礼传心情振奋，作诗一首并序：

孙中山先生创建中华民国之后，深感建国人才之重要，民国十二年回粤即策

划以广东为革命建国策源地，越年一月二十四日下令创办黄埔军校，二月四日再下令创办国立广东大学。斯校乃由国立广东高等师范学校、广东公立法科大学、广东公立农业专门学校合并成者，始任校长为邹鲁先生。自孙中山逝世后，国人为景仰孙公，民国十五年七月由国民政府明令，将国立广东大学易名为国立中山大学，昭示国人永垂纪念也。今岁乙卯双十一日为母校成立五十一周年校庆，且与台北校友会新会址落成开幕典礼佳日，爰特俚词赋贺：

昔曾同黉宇，今岂异苔岑。
临流掬水饮，每发思源心。

1975 年，他申请加入了香港陈氏宗亲总会。香港陈氏宗亲总会初名为“陈氏平安会”，1924 年由元洲、定扬、向通、维骈诸宗亲发起组成。日本侵占香港时会务停顿，日本投降后易名为“陈氏宗亲联爱会”。1949 年改称为“广东陈氏联谊会香港分会”，至 1954 年始正名为“香港陈氏宗亲总会”。经过历届会长、理监事长同仁的合作努力，会务大有进展。1956 年于会所加建颖川堂，为宗亲奉祀祖先、纪念先贤、慎终追远之所，每年举行春秋两祭。

同年又是陈礼传与夫人张慧娟结婚三十周年。师友纷纷题贺。

余俊贤题词：

齐眉庄敬。

黄维琩题词：

鸿光风范，嘉淑辞华。卅年相敬，白首宜家。

萧遥天题诗：

一

晨读珍珠篇，宛见今梁孟。相茌过卅年，晶莹如新镜。
万方尚多艰，浮生寄若定。风雨情弥深，醇醪交益敬。

二

颇羡少年游，有女心同印。婉娈惊淑姿，存问及温凊。
乐水复乐山，斧柯谐良聘。岂惜百辆迎，四美二难并。

三

燕尔役柏台，簿书共涵泳。红袖笑添看，治事唯谨慎。
青云方得路，黄天横攘政。荆棘卧铜驼，海隅聊同命。

四

长安不易居，车舶市尘盛。滔滔过江鲫，不死则易径。
雕虫累壮夫，硁硁守独行。赁庑岂无依，井臼安于正。

五

百年夫妻易，卅载柴米难。牛衣相视笑，犊鼻未咏叹。
耕织匪德曜，五噫无伯鸾。堂前森玉树，伟哉珍珠篇。

王韶生贺诗：

一

昔年烽火漫秋山，邂逅相逢是玉颜。千里姻缘牵一线，翩翩书记偶云鬟。

二

定省温凊明子职，礼容婉顺事姑嫜。板舆迎养临羊石，佳妇佳儿一笑尝。

三

拓殖投荒到海隅，经营事业小陶朱。多文富礼推侪辈，彩笔生花慕壮夫。

四

珍珠纪念酌金樽，直教金婚与钻婚。今日宾朋齐致祝，鳌洋福地长儿孙。

何敬群贺诗：

三十年中喁与于，君家伉俪本珍珠。盟心早结途同迈，佳偶能谐德不渝。
两纪声华文教展，成行儿女彩衣娱。从今更盛牟尼宝，四照圆莹射斗枢。

连普英贺诗：

海角昏期纪象牙，岁逢周甲庆年华。青春黾勉供监署，皓首殷勤仗治家。
此日南天欣举案，当时战地忆同车。趋庭诲子传诗礼，戏彩娱亲报荻沙。

田炯锦贺联：

礼乐叶于飞，玉润珠圆，传世文夸承祚笔；
慧心同绾结，家齐德进，娟媛行淑敬姜风。

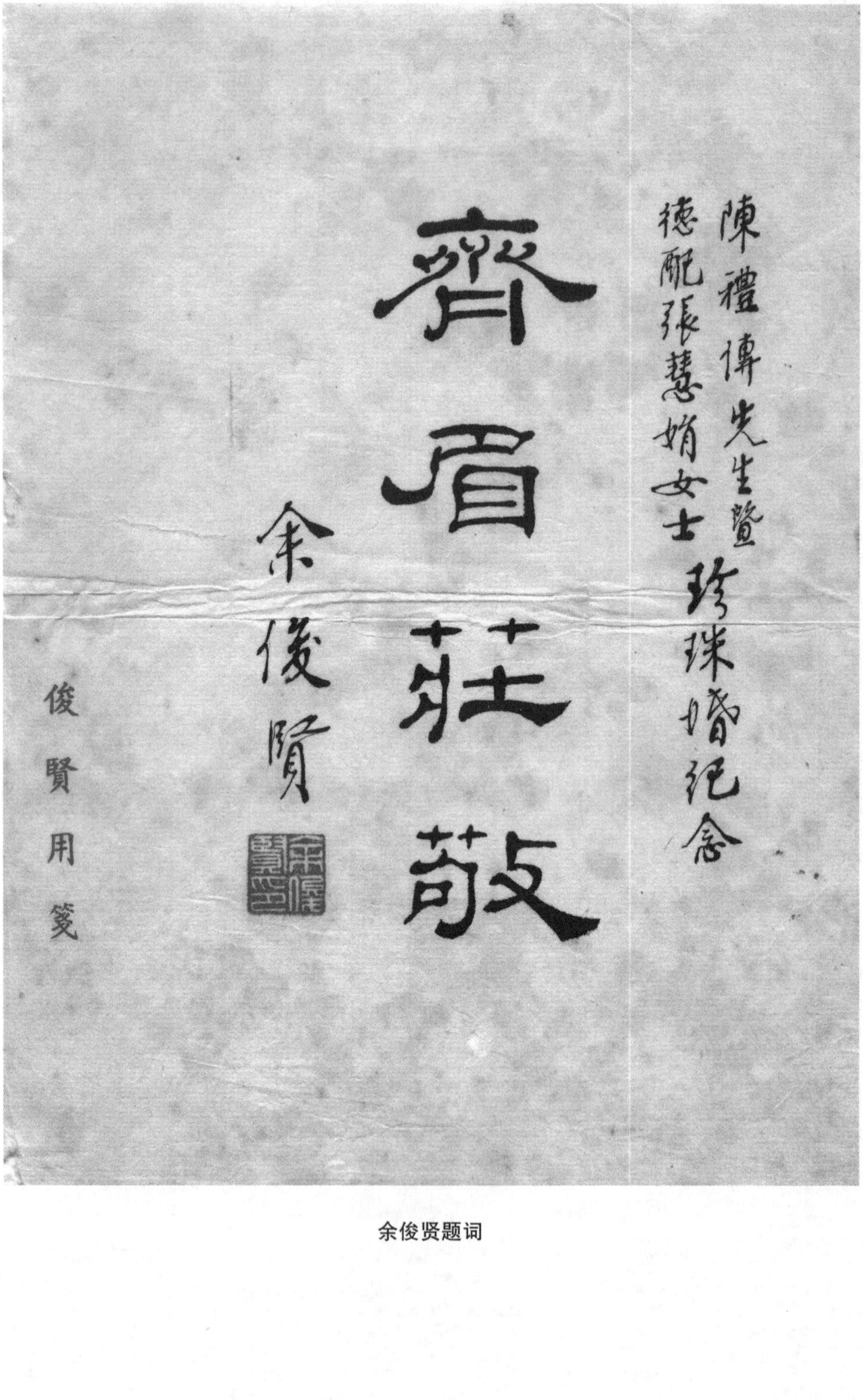

陳禮傳先生暨
德配張慧娟女士 珍珠婚紀念

齊眉莊敬

余俊賢

俊賢用箋

余俊贤题词

1976年　丙辰

六十五岁

❖作诗祝太夫人八十晋八寿庆。

❖出版第四部著作《晚香斋诗文翰墨选》，台湾当局领导人办公室秘书长郑彦棻题端，王世昭和林翼中分别作序。

1976年，第四部著作《晚香斋诗文翰墨选》出版，该书由时任台湾当局领导人办公室秘书长郑彦棻题端，王世昭和林翼中分别作序。

王世昭序：

晚香斋者，吾友澄海陈氏礼传之寄庐也。其曰晚香者，盖亦欲效屈大夫之夕餐落英，陶彭泽之徜徉三径，郑思肖之抱香终古，故其志洁，其行芳，其立身处世殆亦可以此觇之矣。

古之人，容膝不为小，旋马不为隘。陈子于流离颠沛之中，置一宅以托足，辟一室以名其斋，贮诗文书翰以自娱，所尚者皆世之有道君子，饫取既多，获益遂广。斯皆有关于国家民族、社会教育、艺术文化风俗之良窳得失者也。

陈子坐拥书城，流连诗文书翰，不啻尚友贤达，今欲将其所以友贤达者友天下，不特意义深长，抑亦可以作游于艺者之嵩矢。

世之沉湎于迷途者，亦众矣。陈子独知其所择，以古之至人为入世样法，以今之有道君子为立身楷则。且发心抄录书法，章草直入汉人之室，相得益彰，不朽事业。于是乎，豸可不懿欤。

乙卯中秋后一日，陈子挟其所钞藏之诗文书翰，来属不佞为晋一言，弗敢辞。且云又将有现代名人墨宝选集之印行，其愿至宏，其心尤壮。敢不拜嘉而为之叙。

铁髯王世昭于九龙半岛大观楼

林翼中序：

昔曹子桓论文曰：书论宜理，盖论辩固析义精微，书牍亦陈言有序，要之有理可循而已。书翰之作，或论学论事，或直抒胸臆，或因情以寄意，或缘事以揄扬，罔不抒轴予怀而求其友声于诸体，文中尤易见其性情者也。是以昔贤文集书

记笺启，别为门类，不惟尽簪投分，謦欬如闻，亦足窥其生平志事矣。陈子礼传，有志于文，殚心述作，曾集其乡彦生平为一书，曰《六十年来海外潮州人物志》，又裒其友好来翰为一帙，曰《思源堂杂钞》，大抵如昔贤之所谓耆旧录，同人集者，均先后示余，余嘉其能征文献而笃友情也，书以勉之。顷又辑其所为诗二十首，文七首，书六十三首，都为一集，曰"晚香斋诗文翰墨选集"，携稿就余属为弁首之辞，余学殖久荒，殊疏握管，且陈子之学之文，既蜚声士林，亦不必借吾言以为重，未敢有以应之也。翌日，复来书促笔，以国粹文艺为世所轻弃，斯集之刊，亦所以示学子以范式，得一言而此旨益彰。余以其志之切于用也，固为之序以归之。

一九七六年四月合浦林翼中

《晚香斋诗文翰墨选》出版后，得到了各方人士的好评。

李璜函：

《晚香斋诗文翰墨选》琳琅耀目，甚盛甚盛！

谷正纲函：

《晚香斋诗文翰墨选》一册，诗文书法典雅婉丽，洵属佳作。

蒋彦士函：

大作《晚香斋诗文翰墨选》一册，均已敬悉，至为感谢。先生诗文书翰俱佳，拜读之余，曷深钦挹。

何敬群：

礼传尊兄以《晚香斋诗文翰墨选》见赠，钦其笔墨精妙，赋此以谢。记曾承命作席而枯肠屡索不出，致方雅属。今选集中有与仆谈书法笔札，故并及之。冶炼镕裁无不宜，晚香豪情自恢奇。旌旗舒卷追飞白，风度端仪抚月仪。

折简论书蒙挂齿，不才惭我怯题眉。琳琅一帙承相赠，光照萧斋夜下帷。

1976年，太夫人八秩晋八，陈礼传作诗为祝：

大海茫茫羡燕飞，世途险恶阻归舟。回思小草承甘露，每念慈晖泪珠垂。

廿载滞留迷蝶梦，几曾反哺养慈帏？中原旧帜早规复，结伴还乡庆母徽。

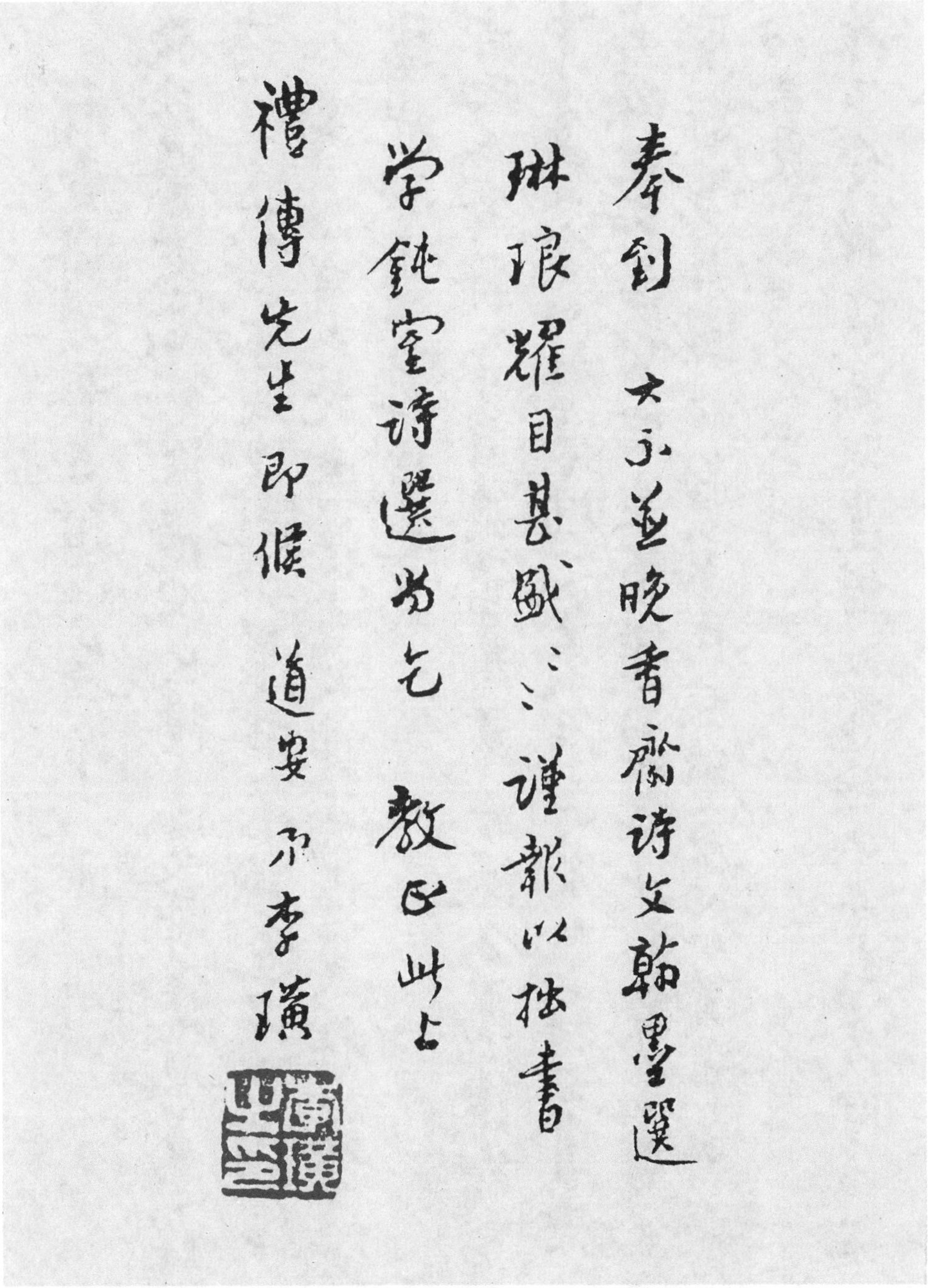

奉到
大示並晚香齋詩文翰墨選
琳琅耀目甚感々々謹報以拙書
学钝室詩選為乞
教正此上
禮傳先生即候
道安弟李璜

李璜函

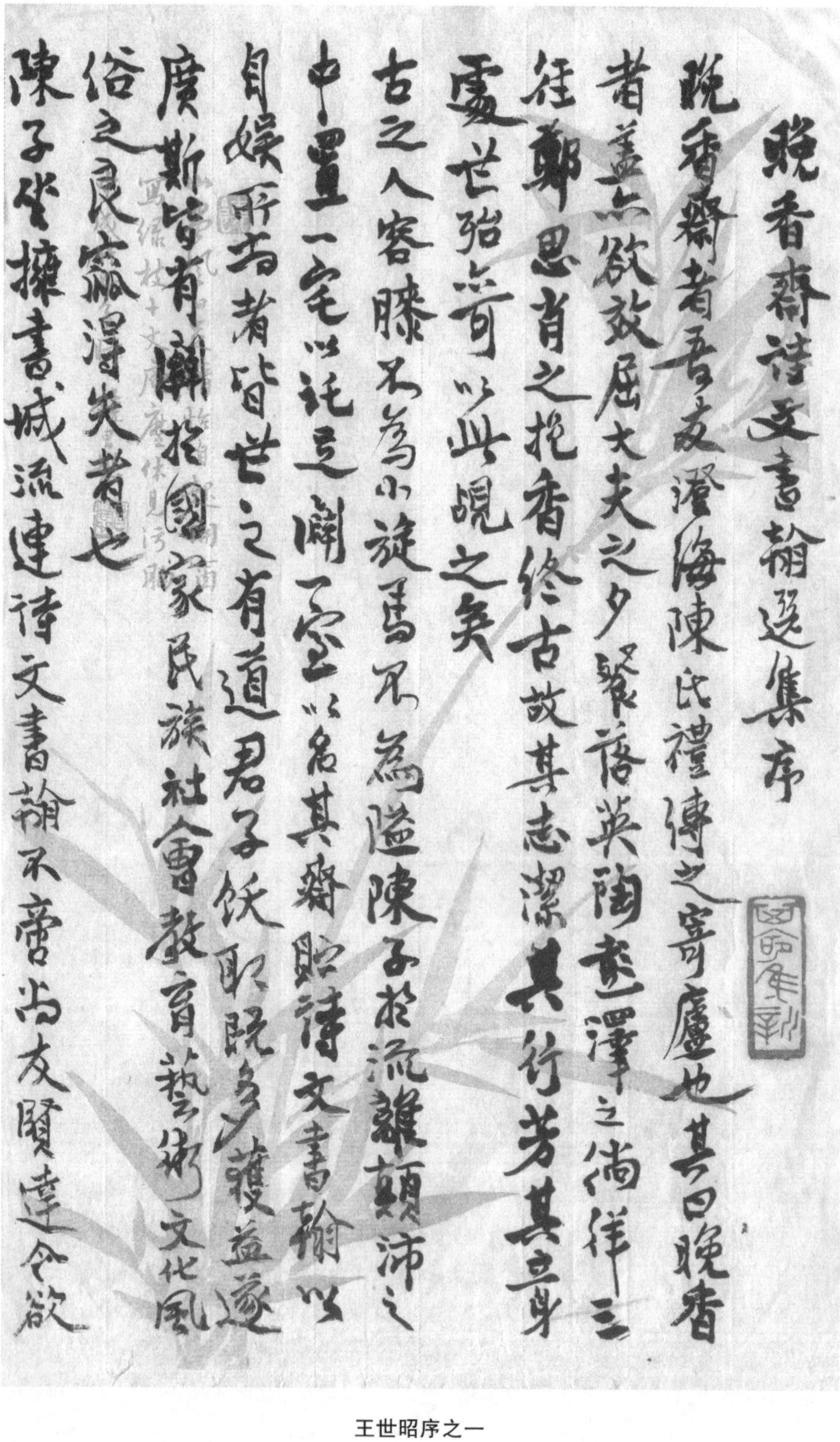

曉香齋詩文書翰選集序
曉香齋者吾友澄海陳氏禮傳之寄廬也其曰曉香
者蓋亦欲效屈大夫之夕餐落英陶彭澤之倘佯三
徑鄭思肖之抱香終古故其志潔其行芳其立身
處世殆亦奇以此覘之矣
古之人容膝不為小旋馬不為隘陳子於流離顛沛之
中置一宅以託足闢一室以名其齋貽詩文書翰以
自娛所書者皆世之有道君子飫聞既多獲益遂
廣斯皆有關於國家民族社會教育藝術文化風
俗之良窳得失者也
陳子既擁書城流連詩文書翰不啻尚友賢達今欲

王世昭序之一

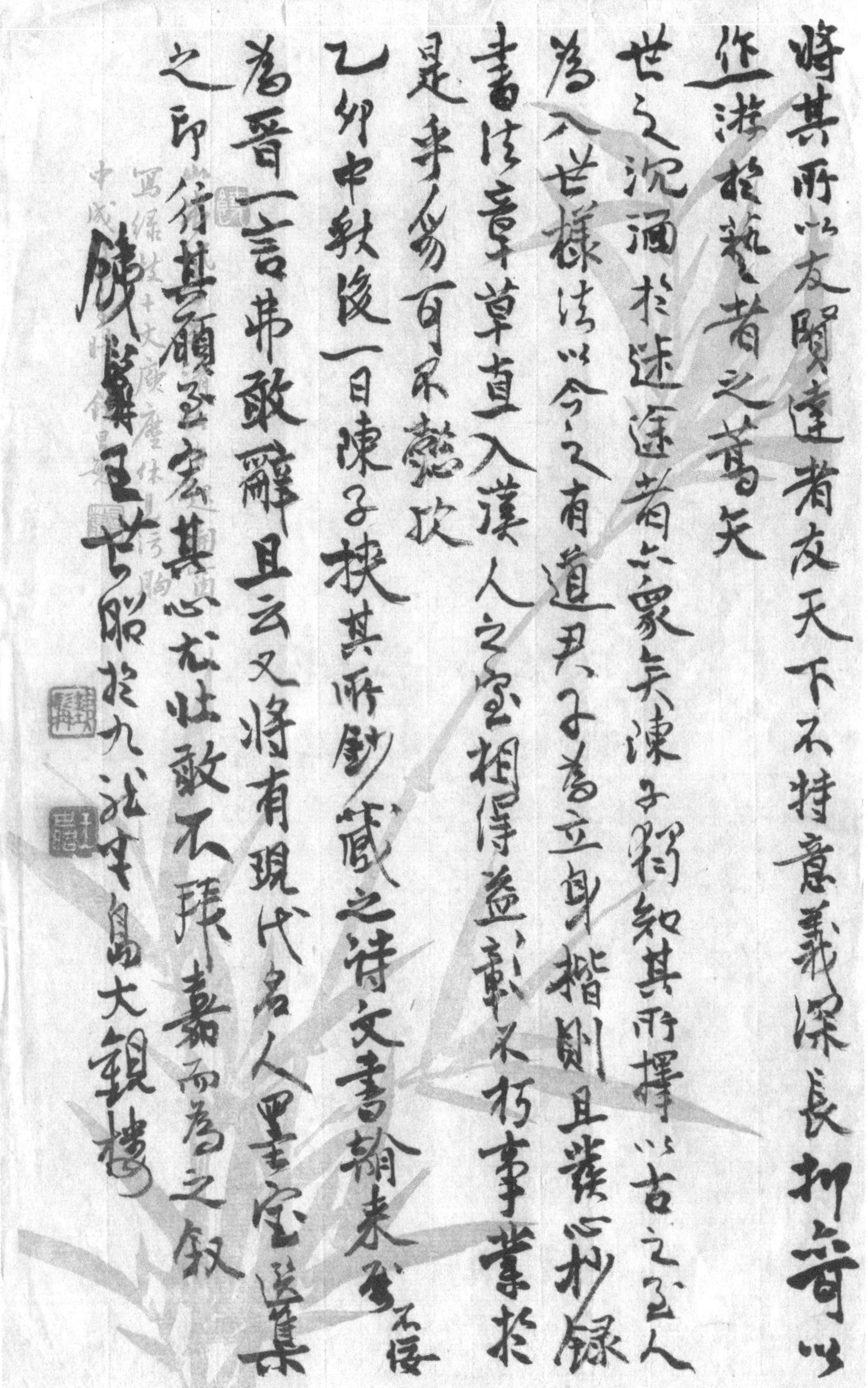

將其所以友賢達者友天下不特意義深長抑奇以
作遊於藝者之鵠矣
世之沉湎於迷途者亦衆矣陳子獨知其所擇以古之至人
為入世樣法以今之有道君子為立身楷則且潛心抄錄
書法章草直入漢人之室相得益彰不朽事業於
是乎多可不懋歟
乙卯中秋後一日陳子挾其所鈔藏之詩文書翰來屬不佞
為晉一言弗敢辭且云又將有現代名人墨寶選集
之印行其願至宏其心尤壯敢不拜嘉而為之叙
錢塘王世昭於九龍半島大觀樓

王世昭序之二

晚香齋詩文翰墨遺集序
昔曹子桓論文曰書論宜理蓋論辨開析義精
微書牘亦陳言有序要之有理可循而已書翰
之心哉論學論事哉直抒胸臆或兩情以寄意
或緣事以攄揚困不抒軸予懷而求其友聲於
詠體文中尤易見其性情者也是以昔賢文集
書記箋啟別為門類不惟盡歸投分聲欬如聞
亦足窺其生平志事矣陳子禮傳有志於文彈
心述作曾集其鄉彥士平為一書曰六十年來
海外潮州人物志又裒其友好來翰為一帙曰
思源堂譔鈔大抵如昔賢之所謂耆舊錄同人
集者均先後示余余嘉其能徵文獻而篤友情

林翼中序之一

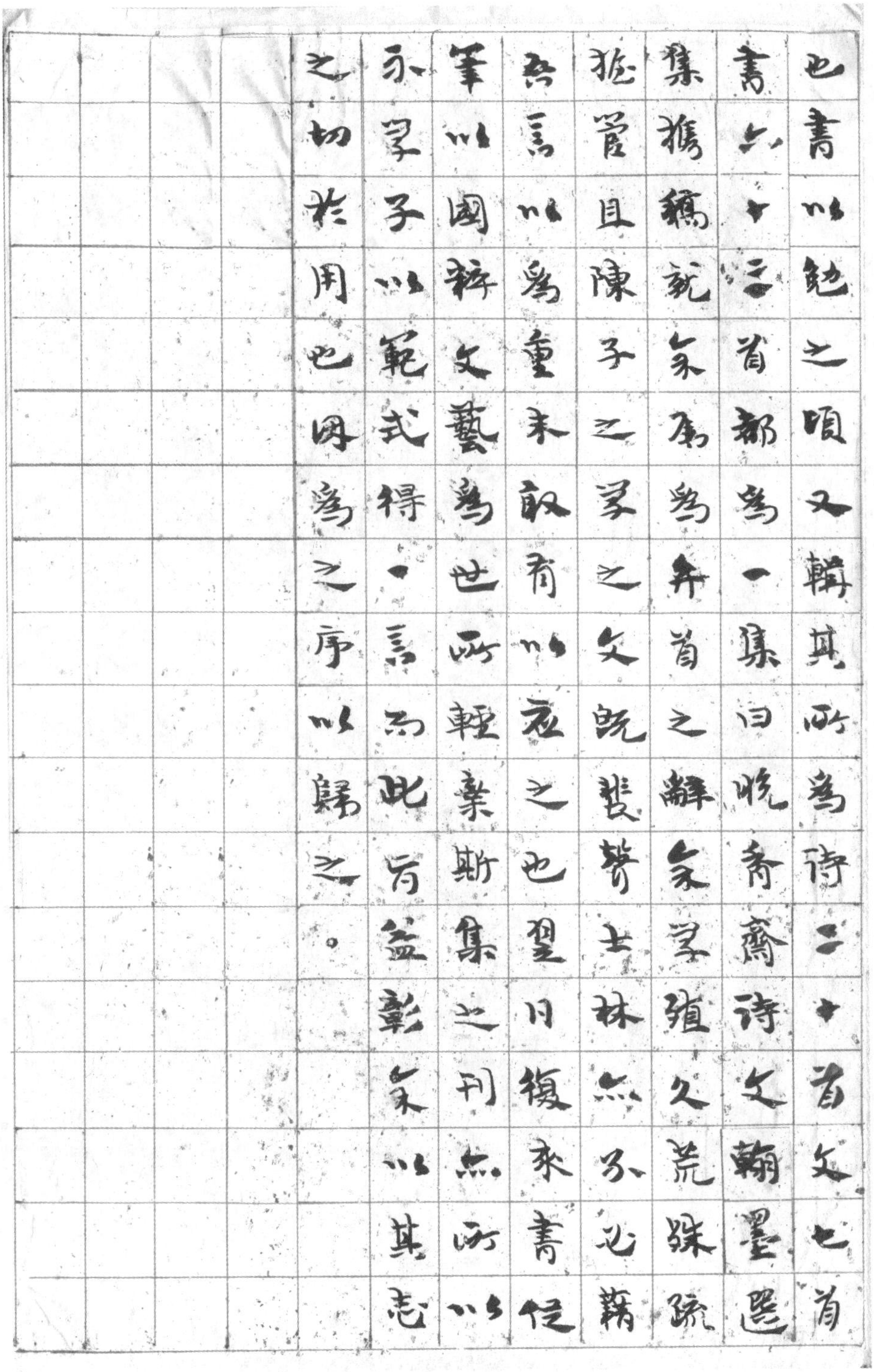

也青以勉之須文輯其所為詩二十首文七首書六十三首都為一集曰晚香齋詩文翰墨選集攜稿就余屬為弁首之辭余學殖久荒殊疏拙管且陳子之學之文既斐聲士林亦不必藉吾言以為重未敢有以應之也望日復來青信筆以國粹文藝為世所輕棄斯集之刊亦所以示學子以範式得一言而此有益彰矣以其志之切於用也因為之序以歸之。

林翼中序之二

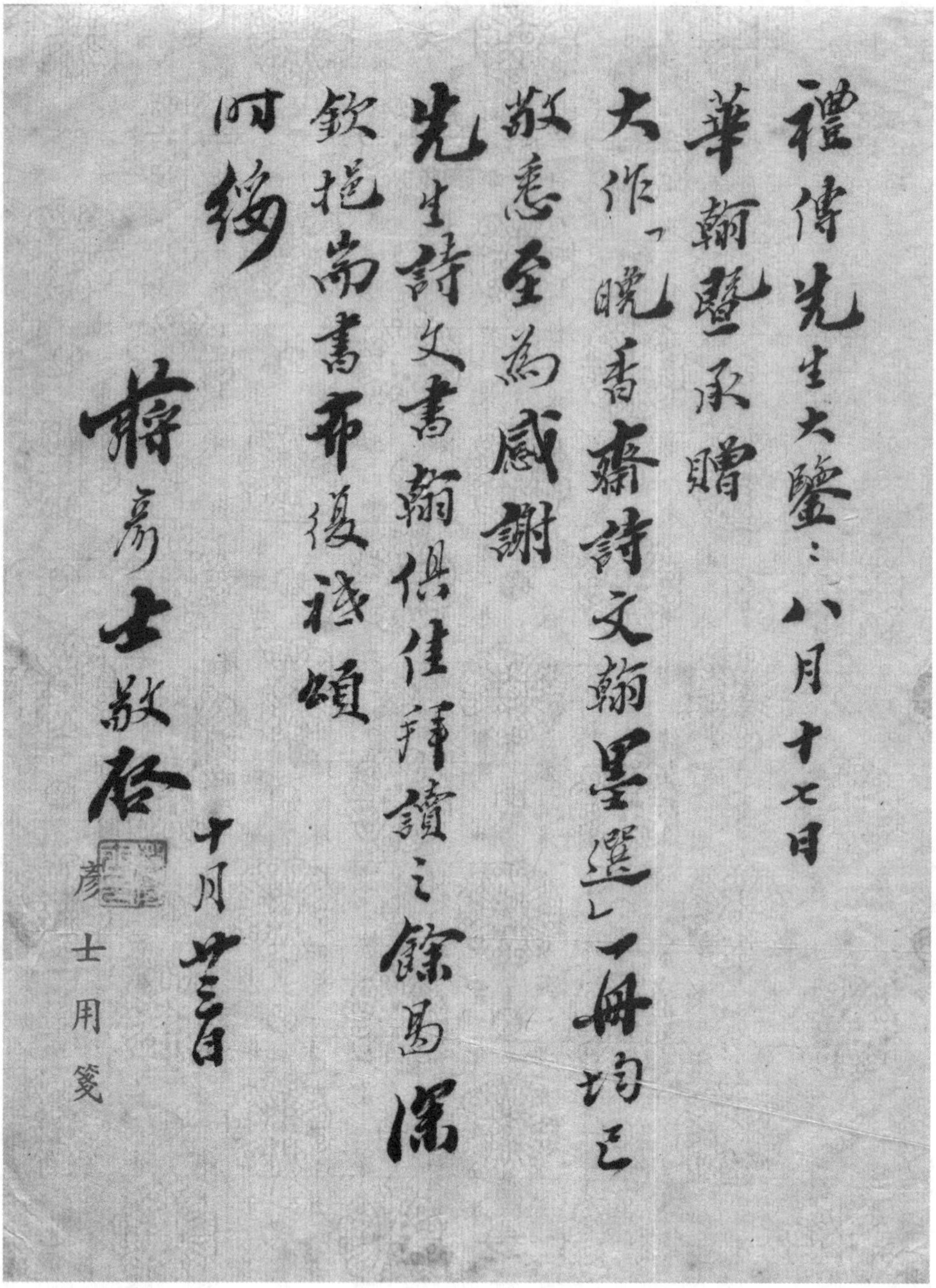

禮傳先生大鑒：八月十七日
華翰暨承贈
大作「曉香齋詩文翰墨選」一冊均已
敬悉至為感謝
先生詩文書翰俱佳拜讀之餘彌深
欽挹耑書布復祗頌
時綏

蔣彥士敬啟
十月廿三日

彥士用箋

蔣彥士函

1977年　丁巳

六十六岁

❖作诗贺香港大学校长黄丽松荣任香港“立法局”非官守议员。

1977年，作诗贺香港大学校长黄丽松荣任香港“立法局”非官守议员并序：

黄丽松校长，籍揭阳，出身香港大学。一九四七年荣获牛津大学理科博士及母校香港大学理科博士衔。以襟度超卓、学有专著，由是蜚声国际。一九六九年应新加坡南洋大学之聘出任校长，一九七二年辞去校长职务，奉聘为母校香港大学校长，为该校有史以来华人校长第一人。以领导有方，深得总督信赖。一九七七年奉麦爵士之命担任香港非官守“立法局”议员。

公长韩山陲，少饮韩江水。潮人纪韩公，江山韩为氏。公厚韩江化，载探西学髓。

玉蕴山含辉，名下无虚士。督府征议员，并及非官守。广咨瑚琏器，佥曰吾粤有。

曰扬与四黄，一方之拇蹂。公代民之口，公启民之牖。是是正非非，唯唯严否否。

利众则成之，病众所不取。不佞致此言，聊扣秦人缶。乞亮区区怀，为公晋尊卣。

1978年　戊午

六十七岁

❖4月15日，与王世昭在香港艺术中心联合举行书法展览，作家尹望卿为展览作序。

❖10月25日，又与王世昭联合举行藏品展，尹望卿又作长序。

1978年4月15日，即农历戊午年三月初九，陈礼传与王世昭在香港艺术中

心联合举行书法展览，是香港书坛一大盛事。王世昭教授成名已久，港人无不知其书名。而陈礼传则是首次公开“亮相”，开幕之日，盛况空前，观者以为王教授与一不见书名之人联合展览，其人必有过人之处，故都争先来一睹陈礼传的书法风采。

谷正纲为展览题词：

复兴中华文化，发扬民族精神。奉贺世昭教授、礼传贤弟联合书法展。

书画家陈秉昌贺诗：

右军书法黄门草，艺苑纵横笔陈雄。放眼当今能此者，晚香斋主铁髯翁。

潘小磐贺诗：

森然天骨自恢张，虎踞龙拿擅胜场。正喜一壶罗三妙，思源方驾铁髯王。

能书而外复能文，笔涌韩潮发古芬。愿子精神少珍惜，不然华发恐如云。

黄维琩贺诗：

文献群钦纂辑功，今从书法见深衷。悬知下笔关风教，写到危言气更雄。

礼传道兄乐育之余，尤勤撰述，著有潮州人物志等书，士林推重。今举其书法为展览会于香港大会堂，所书多先哲载道之文，拜观敬佩，率赋奉赠。

方乃斌有《沁园春·题王世昭陈礼传书展》：

太原巍巍，颍川浩浩，文艺双清。忆羲之行草，鹅群有价，鸿寿隶篆，尔雅天成。允矣闽侯，伟哉澄士，美术中心展百帧。欣赏会，有群贤剪彩，骚哲品评。

炉峰书展盈盈，羡百粤名家拥二屏（桂太史南屏、香将军翰屏），且荆鸿笔气，鸾翔凤舞，文擢书法，玉润珠青。放眼台瀛，故宫碑帖，十五体裁万象腾。鲤门里，正米船云集，颠墨风行。

第二戊午清明，方乃斌年八十有四

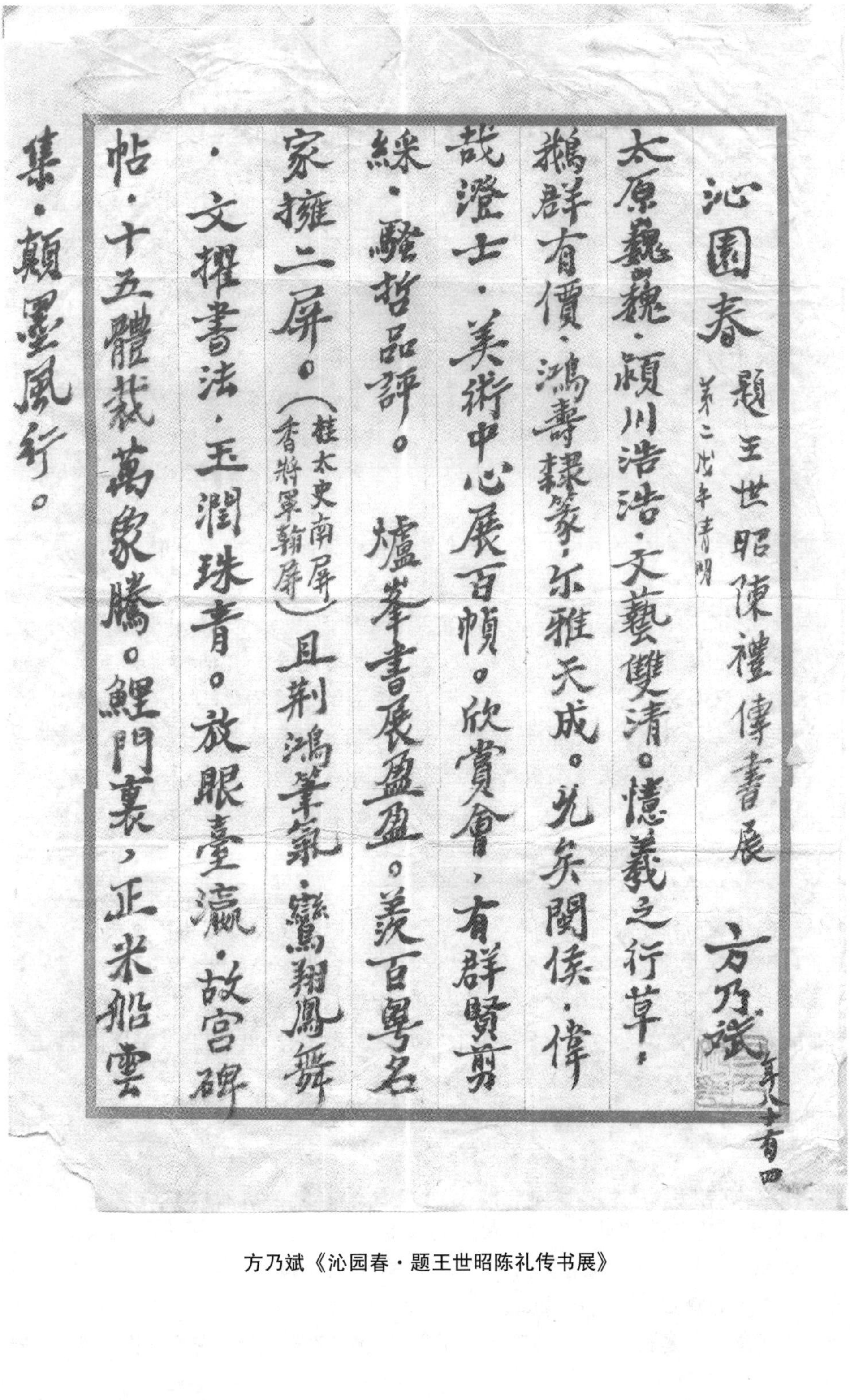

沁園春　題王世昭陳禮傳書展　方乃斌

苐二戊午清明　年八十有四

太原巍巍．潁川浩浩．文藝雙清。憶羲之行草．鵝群有價．鴻壽隸篆．尔雅天成。允矣閩侯．偉哉澄士．美術中心展百幀。欣賞會，有群賢剪綵．驊哲品評。　爐峯書展盈盈。羨百粵名家擁二屏。（桂太史南屏　香將軍翰屏）且荊鴻筆氣．鸞翔鳳舞．文擢書法．玉潤珠青。放眼臺瀛．故宮碑帖．十五體裁萬象騰。鯉門裏，正米船雲集．顛墨風行。

方乃斌《沁园春·题王世昭陈礼传书展》

作家尹望卿为展览作序：

生而为中国人，引以最自傲者，厥为享受古先圣哲创造递传之一部汉字，以为永恒遗产。中国之所以为中国，高居于全世界峰巅而小天下者，亦为赖有我炎黄子孙，是则是效，善于运用汉字，发挥其庞大潜能。须知任何立国于大地，各有其不同文字，如蟹行、如虫爬、如蚓卷，虽远不及我“方块字”，然为国家之命脉。则一故欲灭人之国者，必先摧毁其文字，使与己同化，图遂行其控制，牢笼奴役宰割，是未可贸贸焉者。然则今之海外书法家不更重视也耶。

考之吾国大书法家，皆有传授。初蔡邕书法得之于一寂寂无名者，邕传其女文姬，文姬传钟繇，钟繇传卫夫人，卫夫人传王羲之，羲之传献之，献之传羊欣，羊欣传王僧虔，僧虔传萧子云，子云传僧智永，智永传虞世南，世南传欧阳询，询传张旭，旭传阳冰，阳冰传徐浩，浩传颜真卿，真卿传邬彤，彤传韦玩，玩传崔邈，师承有自，孳衍无穷。非直光被当时，抑且泽流后世。历来有大学问大功名大福泽者，类多能写一手好字，但又必基于敦品励学，积川成海，积学成圣。惟是得良师难，得益友亦难，得可友可师或风仪兼师友，难中之难！噫，书家自有真，非偶然也。

是岁四月十五日，为名书家王世昭、陈礼传假座香港艺术中心作联合书展。其先一月，招饮于京香楼，以告座上嘉宾。龙蟠凤逸，壁间神品，玉润金生，“嗟我岂能识字法，见之但觉心眼开”。庐陵兹句，有同然者。铁髯固老友也，拥古碑帖甚富，寝馈其中，撷精吸髓，篆隶真草，大而化之。辅以清操，涵以劲气，称“国书大师”。昔曾满载书轴，奔走国外，如泰、越、星（今简称“新”即新加坡）、马、菲、婆、印、日、韩等地，展览逾二十余次，所至倾倒名公巨卿，东阁飞笺，两窗剪烛，慕其诗者，贻之以诗，爱其联者，缀之以联，其散布中华文艺种子于椰风蕉雨间，既已苗芃芃而实累累，呼“小右军”。至于陈氏，余从香港中国书法学会特刊中早曾获见其贺刘侯武八秩寿诗“当年监两广，鼙鼓日追随。辗转求民隐，崎岖忾敌机。人情吓腐鼠，世变曳泥龟。不觉公黄耇，跽觞敢以祈”，写作俱佳。异之睹吉光片羽，已足赏心听。鸑鷟一声，便堪悦耳。稍后，知其抗战有功，复员时得我国民政府颁奖胜利勋章，及南来香港，以一翩翩少年，锐意于复兴文化及教育并耽著述兼创出版。而以其余力研习六书，本其玉质之琢磨，益于铁髯之指引，篆章真草，一日千里，奚不可继卫瓘索靖为一台二妙者耶。

此次王陈两人之联合书展，余观王氏其“九如”则远胜于韦陟之“五云体”，其龙其虎其鹅其鸾其寿各巨幅，则又高出于子敬之“一笔书”而其分书四言联“积善成德，得众动天”与及章草条幅，若元章诗，若东坡诗等，或则遒劲如大鹏之翻溟海，或则疏秀如公孙大娘之浑脱舞。

至观陈氏，其最突兀者，则为“书”中有“画”，若“佛”、若“龙”、若

"凤"、若"马"，各个分成巨幅，皆赫然一笔而下者。"马"也，望之若从大宛来，"此马临阵久无敌，与人一心成大功"；"凤"也，望之如灵运子孙；欲搏大千，"龙"也，望之如荀明兄弟，欲飞九五；尤其"佛"也，活栩栩如世尊在上，见者欲拜欲求，此与褚遂良伊阙佛龛碑之佛则颇异曲，而与柳公权玄秘塔碑铭之佛则又同工。又有巨幅《正气歌》颜体，雄健浑厚，逼其鲁公。相传此歌可驱鬼，悬之厅中，光焰万丈，元鞑子何在？文丞相犹生！人皆可为文丞相忠于国者，亦犹是。综上各幅，加以玩索，无一而不含有深刻启发及鼓舞之作用，岂寻常展览品也哉。

或谓铁髯向来单刀匹马，与人联展为首次，得毋于陈氏有香火因缘。曰：凡物皆有偶，山峙而双峰，水分而交流，禽飞而并翼，星缀而连珠。若夫在文章上而有韩柳；在诗词上而有李杜；在画绘上而有顾陆；在书法上而有钟王；皆自然配合，岂人为也哉。

我辈丁兹大乱，伏处海涯，而能守此砚田，保此墨稼，挺此笔阵，拥此书城，戮其力于复兴文化者，方且郁郁乎。云兴而风起，与王陈相驰骋，气象万千！吾道不孤，鸿钧在转，是又未可自傲，当益自勉也。于其开幕，因赠之以言。

第一次联合展览成功之后，两人又于同年10月25日再次联合举行展览。这一次联展是各自的藏品展，展出王世昭大观楼的清官画扇和陈礼传的晚香斋名家笔札，尹望卿作序：

十月二十五日，世昭与礼传假座香港艺术中心又作联展，世所称之一台二妙者。王则大观楼珍藏之清宫画扇，陈则晚香斋珍藏之名家笔札，叠叠重重，非常珍贵。于周前小集泰丰楼以告余。比从《春秋》杂志得阅王氏《东京重游记》中之附带夹插，并陈子所示更祥。王陈此次联展与在四月第一次联展盖有不同。王以所藏宫扇多牡丹画，自称"管领天香一百枝主人"，又号"百扇主人"。顾其名洵香且艳，相信闻之者都在拭目以候。至陈则人淡如菊，蔚然挺立于西风冷落之中，而拥翰墨成林，贮天章充栋，犹是"兰台旧主"风华，随园有"见书如见色，未近心先动"。吾想此宫扇也、此笔札也，又奚不可作如是观耶。

铁髯以工书高天下，大观楼上古帖则连城价重，砚池则精墨波腾，无论识不识，皆尊为"国书大师"。宫扇也者，稀有之物，得一扇觉难，况乃逾二百柄，吾不知铁髯果何集来？得非神助，意者。天矜怜爱新觉罗皇室之珍贵遗物，必欲其归于其风雅或高人之家，如落花坠茵，不失其贵。据铁髯云，清宫纨扇中，画则以牡丹为多，作者都有签条署上姓名而且称"臣"，又合慈禧、缪素筠敬懿皇妃等在一起。望卿按慈禧太后在同治、光绪两朝中，垂帘听政，凡四十七年，怡情翰墨，学绘花卉，尝思得一二代笔妇人，降旨各省督抚，觅之。有缪素筠者，

云南人，工花鸟，其夫官蜀死，子为孝廉。慈禧召见，大喜，延置左右，月给二百金，为其子捐内阁中书，人称缪老太太。当时遍大臣家多有慈禧所赏之花卉扇轴，皆缪手笔。清宫纨扇出自“如意馆”制品，初夏用丰杭扇，仲夏用芭蕉园扇，盛夏则用雕翎扇。扇以金玉象牙玳瑁为之，雕翎有十一叶、九叶、七叶、五叶。愈少愈贵，价辄数百金。历来士大夫都重之，“奉物仁风，慰彼黎庶”，以扇相勉，心同理同，况出宫廷，尤为生色。此外，大观楼藏画并多，如马江香之《四季花卉》，如曾后希之《无量寿佛》，如赵少昂之《江山风雨图》及齐白石之《秋海棠》、许涵青之《于髯像》等，无不天与清新，笔存苍润。是真天下大观。

至于陈子，以中山大学法学士，擅书翰、工文辞，抗战期间官两广柏署久，先后佐刘侯武、刘成禺两监察使有功。及光复，获颁胜利勋章。居港以来，潜心于文化教育，旁及著述，所交皆当世有道君子，应酬书牍，来往甚多，人以得陈子之寸简为荣，陈以得人之尺素为快。前年七月已刊行《晚香斋诗文翰墨选》，名噪艺林，视为瑰宝。兹则以“晚香斋珍藏名家笔札展览”，其间如国父孙中山对联中堂，戴传贤中大同学录毕业序文，如谢东闵书翰，如谢冠生、田炯锦对联，如潘小磐去思颂骈文，如陈孝威、王韶生、黄维琩、梁寒操之诗等，镂金错彩，穹笔森罗。另外则有四尺高之“福”“寿”二字巨幅，两帧则出于晚香斋主人自己手笔，推其用意，以福耶寿耶，乃人之所大爱，但不可妄冀，须从修德行人中而来。使观者生觊觎之念，争相求而得，得而享。寓非于勉，常情如此。因忆在昔清朝皇帝每于年终御书“福”“寿”字斗方例赐王公亲贵及内外大臣，故宫词有云“暖阁梅开春讯探，年年赐嘏主恩覃。御书福寿悬方幅，一例泥金入宝嵌”。至今谈往事者，犹每多心焉向往。

或曰“清宫画扇”与“名家笔札”，洵宝也，展览乎包兆龙画廊，是王陈二子显示其公天下之心，以视蔡邕得到王充《论衡》，秘而不宣，被人搜出，犹丁宁之曰“惟我与尔共之，勿广也”，其贤不肖何如耶？曰然，吾于王陈，益为之嗟异，可贵哉。于其开幕并缀小诗：

我欲高歌美且都，一笺一柄胜珍珠。
名家笔札清宫扇，笑问伧夫识宝无。

一年之中两次大展，使陈礼传的书名一时鹊起，求书者络绎不绝，他从不收取润笔费，一直到退休之后，没有经济来源，他才开始收取润笔费。他晚年曾说：“识货喜欢者，润笔照例；识货喜欢者，但经济不充裕，润例减少或相送；对慕虚名者则不动笔，对工商市侩者润例翻倍。”

1979年　己未

六十八岁

❖陈母蔡太夫人九秩晋一大寿，征集诗文书画近百家，出版《陈母蔡太夫人百龄开一寿言录》。该书为正风教育出版社出版的第五部著作，陈荆鸿（1903—1993）题签，尹望卿作序。

❖出版《应用文之理论与写作》，全书十余万字，刊行3 000册，黄维琩题签。该书为正风教育出版社出版的第六部著作。

❖9月1日，张维翰逝世，作挽诗四首并长序。

1979年为太夫人九秩晋一寿庆，陈礼传在香港征诗文为母庆寿，并出版《陈母蔡太夫人百龄开一寿言录》。征集诗文书画近百家，该书由陈荆鸿题签、尹望卿作序。

戊午之冬，腊月既望，得晚香斋陈礼传社长手书，略谓“己未正月十二日，为家慈九秩寿辰，远在大陆，飞渡无方，爰订国历二月四日，设宴于九龙松竹楼，邀请师友乡党，遥祝母寿”。而以寿序嘱余，余不敢辞。吁，美哉陈氏，何孝思油然若是耶？昔贤谓：子孙生一显宦，不如生一文人，以文人者，怀瑾握瑜、英华绝俗，而笔补造化，如善运用之，以上佐治明廷，膏泽天下。下以缵述先世，显扬父母。斯所以成大忠大孝，用能永锡尔类者。余因铁髯，而识陈氏，因识陈氏，而得欣赏陈氏从种著述，如《思源堂杂钞》，如《六十年来海外潮州人物志》，如《晚香斋诗文翰墨选》，又如《现代名人翰墨选集》，从各著作中，于以得稔陈氏之令先严道铨公，盛德光辉，赫赫如在。与及蔡太夫人，节义凛然，风徽超然，“陈寔人传有好儿”。古今一也。

太夫人，归道铨公，居澄海岛门，家世业农。孟光举案，敬以相夫；仉氏断机，严以训子。太夫人，一身备之。生子女九，玉立森森。民国二十六年春，道铨公弃世，是时，陈氏以主器，方就读于沪滨，太夫人电召回家，使之读礼，所以教孝也。俟服满，顾陈氏愀然曰：“汝父在日，与汝叔公子昭，皆以汝聪明，必能亢宗，儿其继续努力读书。”陈氏谨受教，乃转读广州国立中山大学，凡四年，得法学士，值中日大战，倭骑蹂躏。初，陈氏为国赴难，供职于广东省政府，担任党政工作。越二年，改官两广监察使署秘书，兼总务科长，事无巨细，

悉以襄助，先后佐刘侯武、刘成禺最得力。柏署之间，风霜凌厉，松厅之上，山岳动摇。太夫人，闻其子有声，益复驰书谕勉。迄日本投降，神京还我，国民政府，考察文武百官有功者，例予嘉奖，陈氏得颁授胜利勋章。旋迁国防部广州警备司令部军法处检察官。以离家久，至是，板舆迎养，太夫人得披命服，居官邸中，陈氏与贤配张慧娟女史，承欢膝下，供奉唯谨。方共军南下，……太夫人谕陈氏曰："闻之，兴平粱肉，德教为先。秋霜之肃，何如春阳之和。今儿居是官，其慎哉。"陈氏唯唯。己丑之变，太夫人六十，自认年老，愿留乡。……陈氏在港，乐作育，耽著述，工书能文，耿介孤峭，当代有道君子，多乐于交游。性纯孝，尝登香炉峰，望白云孤飞，曰："吾亲舍其下。"徘徊久之，固宜，况"圣善"如太夫人者耶？

溯从己丑，越十年，而己亥，又十年，而己酉，又再十年，而今己未，亘三十年，中间，乡社惨斗，有问太夫人者，曰："汝居广州，识刘侯武乎?"曰："识，彼固两广监察使，好官也。""汝子非官乎?"曰："官，亦好官也。"卒无以难之。其气之刚，其辞之诚，得神明扶持，度此沧桑岁月，太夫人恰似千寻老柏，挺立于霜欺雪虐之中，黛色参天，磊砢不改。望卿从《晚香斋诗文翰墨选》中，得一瞻太夫人玉照，辄肃然敬。当时八十，郑彦棻秘书长，拨紫薇寸晷，颂以诗，赞为"郡邑生佛"。今犹是也，谨以此祝，质之承庆子礼传昆仲，何如！

各方师友也纷纷送来贺词、贺联、贺诗、贺函。

谢东闵贺词：

懿德遐年。

周士心贺联：

天护慈萱春不老；
门悬彩帨色常新。

张维翰贺联：

九秩开祥遥祝嘏；
百龄集庆定承颜。

郑彦棻贺诗：

久钦获教励忠贞，兰桂腾芳耀户庭。尤羡饱经霜雪后，㨗㨗慈竹更长青。

黄季陆贺词：

懿欤贤母，坤德同钦。福禄欢喜，永驻千春。

黄季陆贺词

毛松年贺联：

九秩筹添寿高慈竹；
三羊瑞集春满华堂。

潘小磐贺诗：

慈筠劲冬节，寸草恋春晖。隔海遥觞奉，高风在所稀。

王韶生贺诗：

九一称觞舞彩衣，佳儿隆养恋庭闱。风波久涉凭忠信（太夫人居乡三十载福寿康宁），霄汉当翀可奋飞（礼传兄国内外迭任清要之职）。

寿集娱亲征士类，高楼宴客慕甘肥。重华自昔尊纯孝，传统绵绵为发挥。

李建宏贺诗：

汕乡有素母，宝婺灿异辉。懿德耀闾里，孺怀笃乌私。浮云乍蔽日，海隅舞采衣。

泽荫奕叶长，瑞征享期颐。况复诗礼传，光垂洵无涯。祝嘏松竹楼，虔晋九如辞。

陈荆鸿贺联：

拂槛晓云鲜，斑衣戏舞；
开筵春昼永，寿酒频斟。

徐良安贺诗：

福慧双修得大年，萱堂恩泽子孙贤。南巡御史凭神笔，北望中原奋祖鞭。
教孝教忠欢广厦，立言立德动重天。舞衣遥慰门闾倚，儒雅云束祝嘏筵。

沈昌焕函：

尊慈太夫人九秩晋一寿言录一册均已拜收，就谗北堂春暖，厚德延鳌，至为忭庆。而吾兄之孝思不匮，尤深钦企……

禮傳吾兄惠鑒七月四日
手教暨
尊慈太夫人九秩晋一壽言録一册均已拜悦就諗
北堂春暖厚德延釐至為忭慶而吾
兄之孝思不匱尤深欽企祗以當時未及聞讯
遂致疎於拜賀惟有遙祝九如補申敬意即請
台鑒是幸耑復順頌
暑祺
沈昌焕拜啟 七月九日

昌焕用箋

沈昌焕函

郑彦棻函：

令堂九秩晋一寿言集，均已收到。展阅之余，琳琅满目，是亦同学孝思不匮之殊荣也……

出版《应用文之理论与写作》，由黄维琩教授题签。全书十余万字，刊行3 000册。1974年2月14日，香港“立法局”通过中文为香港法定文字后，从此港人与港府公事往来就可用中文书写。该书印行之目的在于作为香港大中学生习写应世文字的参考，也是弘扬中华传统文化之一斑。此书出版后全部送香港各大中学校。

9月1日，张维翰老先生逝世，陈礼传作五言律诗挽诗四首并长序：

先生，滇人也。世有令德。早岁毕业于日本东京帝国大学，归国后初助唐公继尧，任护国军总司令部秘书，其后担任昆明市长、外交部驻滇交涉员、云南省政府委员兼民政厅长、立法院秘书长、立法委员、内政部政务次长、监察委员会云贵监察使、监察院副院长、代理院长、“中华学术院”诗词研究所所长等职，柏台清风三十载。民国三十七年春，礼传奉命为监察院广东广西监察使署秘书兼总务科长期间，公余之暇，常闻监察使刘公侯武讲述张公嘉言懿行，于公之高风亮节，心向往焉……南来香港，从事中华文化复兴运动，迄今已历两纪有余。每有疑难，张公迭予指示，其爱护旧属有如此者。己酉春为家慈八秩晋一寿辰，张公亲书七律贺诗一首，诗曰：“梓舍书来述母仪，贤钦画荻蔚英奇。方欣粤岭承欢日，忽适神州变色时。澄海倚闾绵鹤算，香江陟屺郁乌私。知兴向义俱堪纪，走笔临风一寄诗。”诗情书法并皆佳妙，一时传为美谈。八月二十日（1974年），礼传因检查身体偕妻儿赴台，寄寓侨园侨光楼，翌晨前往张府晋谒。蒙公延见，多年心仪，一朝亲承教益，欢欣之情，自非笔墨所能形容。返港前一日，蒙公召宴，又于庭园同摄一照留念不忘。今岁己未正月十二日，欣逢家慈百龄开一寿辰，无日肃函禀报，张公奉书嘉勉。书曰：“礼传吾兄惠鉴：展诵函柬，欣悉二月四日为太夫人九秩晋一设帨之辰，贤昆仲将在港设筵遥祝，至佩孝思。爰撰书七言寿联，借申贺忱，希哂纳。顺颂，谭祺。张维翰敬启。元月十八日。”并赐贺联曰：“九秩开祥遥祝嘏，百龄集庆定承颜。”维时张公春秋已九秩又四，比家慈大三岁，以高龄之年，国老之尊，不以卑微在远，见遗亲书书联，古道照人。求之当世，宁有几人！方望苍天赐公遐龄，不意于九月一日（1979年）薨于台北，礼传读报未竟，已潸然泪下矣。呜呼！痛哉！为永念国老一代完人，谨挽以五言律诗四首。诗曰：

一

天生贤佐命，杰出古滇中。名并于髯老，寿高卫武公。
岂惟崇法峻，况乃咏诗工。海上多论定，莼沤第一忠。

二

昔曾当抗战，我忝供驱驰。乌府承推爱，雁书辱屡贻。
中天新翊运，昭代老勋奇。面谒浑如昨，平居最系思。

三

家母九旬寿，今春拜赠联。恩从北阙早，宠比东皇先。
一纸情弥厚，百龄墨尚鲜。知公拔寸晷，笃旧意缠绵。

四

秋初天将戾，台北报公薨。簌簌双行泪，哀哀一股肱。
生原纡上策，死不忘中兴。似约王资政，黄泉访旧朋。

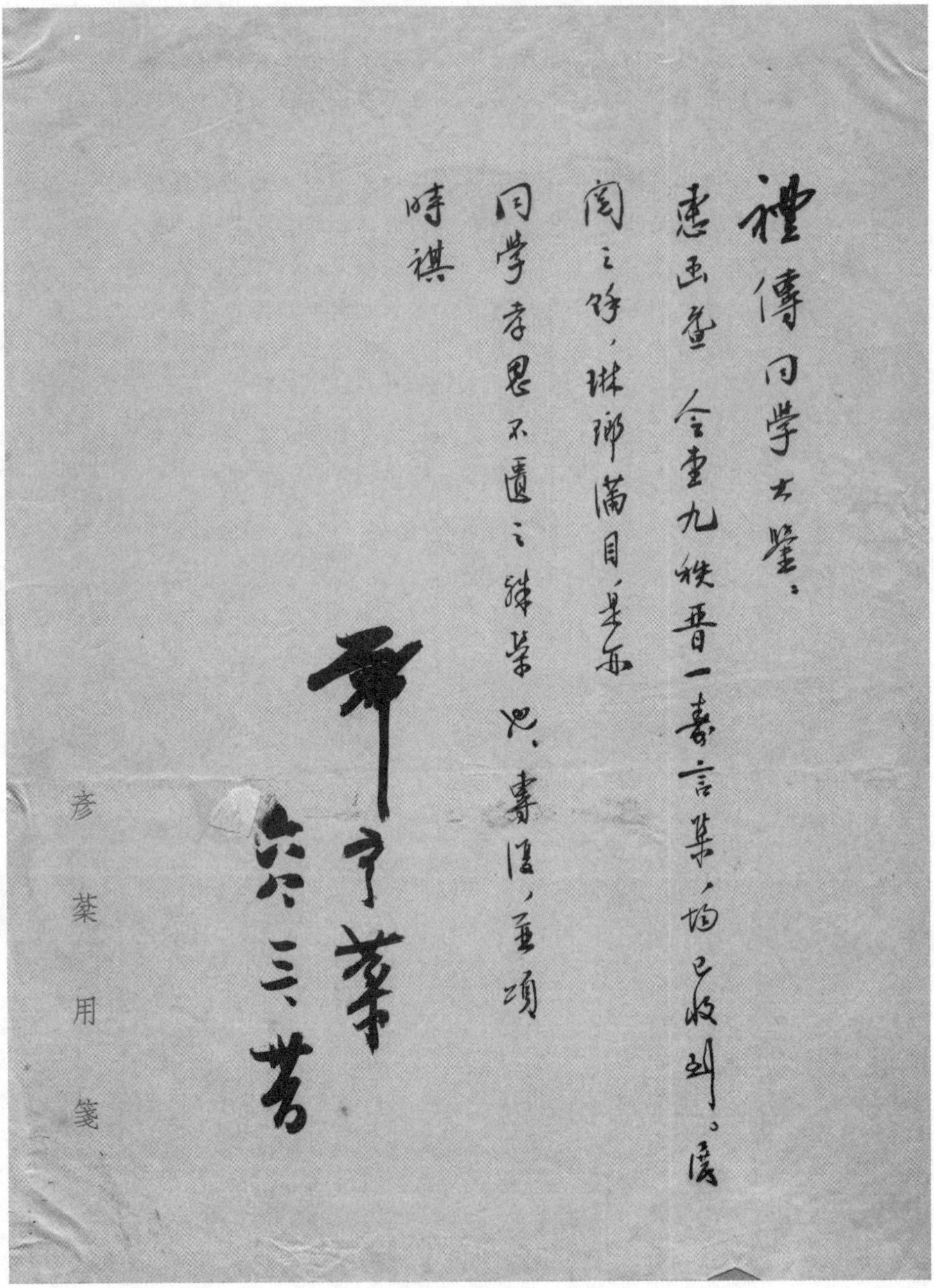

禮傳同學大鑒：

惠函並《金壺九秩晉一壽言集》均已收到。展

閱之餘，琳瑯滿目，足征

同學孝思不匱之誠也。專復，並頌

時祺

鄭彥棻 六、三、廿

彥棻用箋

郑彦棻函

1980年 庚申

六十九岁

❖首次在香港举办个人书法展，同时出版《陈礼传书法》。

❖赋诗贺乡彦林建名荣膺英女皇颁赐奖章。

❖10月3日，赋诗贺泰国外甥蔡若雄结婚。

❖11月赴台湾高雄西子湾参观台湾中山大学第一期建设。

❖获台湾“中华学术院”院长张其昀颁发哲士荣衔。

❖12月2日，香港文教界欢聚一堂，共庆其荣膺“中华学术院”哲士一事。

1980年，陈礼传首次在香港举办个人书法展，获得好评如潮。如何敬群赠诗：

晚香精六法，池水墨溶溶。挥翰力如虎，行天飞作龙。
光芒射香澥，洋溢动罏峰。试看鸿都展，能追张与钟。
陈礼传先生工章草，朴厚丰润兼而有之，榜书龙虎二字尤为力能扛鼎，气可拔山，爰于展览时能赋此张之。

同时出版《陈礼传书法》，由香港中文大学校长马临题签。

喜悉乡彦林建名先生荣膺英女皇颁赐奖章，并赋诗祝贺：

林君建名，乃吾州望族，为香港殷商林百欣先生之佳公子也。少有大志，赴美深造。学成归港助乃翁主理丽新制衣厂，业务遍及欧美，为一著名之工业家。林君于业务之余又醉心于社会慈善及公益事业，历任保良局总理，仁济医院主席，港府工业咨询委员会委员，华人足球篮球等会主席，有声于时，现任香港潮州公会理事长、潮州公学校董，出钱出力，名重一方。今岁荣膺英国女皇颁赐奖章，德建名立，岂只林君之荣，乃邦家之光也。爰书俚句以贺。

英皇有旨宠褒隆，喜讯频传我泱衷。阜物培才扶世运，寿民康众代天工。
光荣誉满欧亚外，奖励勋高潮港中。为贺乡贤书俚句，近来继郑又林公。

10月3日，接其三妹亚玩自澄海程洋冈函知外甥蔡若雄将于12月18日在泰国与同邑李丽君女士缔结良缘，赋诗为贺：

本是比翼鸟，来栖连理树。佳偶自天成，海外有奇遇。

11月初，与中山大学香港同学会成员赴台湾高雄西子湾参观台湾中山大学第一期建设，并致函校长李焕，希望台湾中山大学“六十年内可跻于国际著名大学之林”，寄望甚殷。回港后撰书巨幅楷书对联“白云山峻，西子湾长”，寄赠李焕，并长跋叙述台湾中山大学的历史作为中大学子寄望之情。离台回港之前，前往华冈“中国文化大学”，拜谒“中国文化大学”创办人、“中华学术院”院长张其昀博士，并以创校歌词“为往圣继绝学，为万世开太平”书成对联呈张院长，借表敬仰之忱。

回港后获张院长颁发“中华学术院”哲士荣衔聘书。

这又是陈礼传人生中一大喜事。12月2日，好友王世昭，为他荣膺“中华学术院”哲士一事，分请在港文教界耆宿学者相聚于松竹楼共庆盛事。席间，八方好友纷纷以诗文或函札祝贺。

李焕贺词：

奉读华翰，藉悉荣获“中华学术院”哲士名衔，毋任庆贺……

王世昭贺诗：

哲士俨同博士尊，秋风阆苑一家亲。多君也共龙门跃，学海如今又几人。

潘小磐贺诗：

书法文章并擅名，以君勄学老尤成。射洪自有千秋在，何假区区一士荣。

苏文擢贺诗：

栖迟海角共流人，翰墨能娱乱后身。不作春蛇与秋蚓，龙跳（平）虎卧见精神。

中华佳士锡嘉名，潮海骚人魏阙情。松竹楼高标晚节，遥知文酒赋同声。（君招饮松竹楼，予以事不克往）

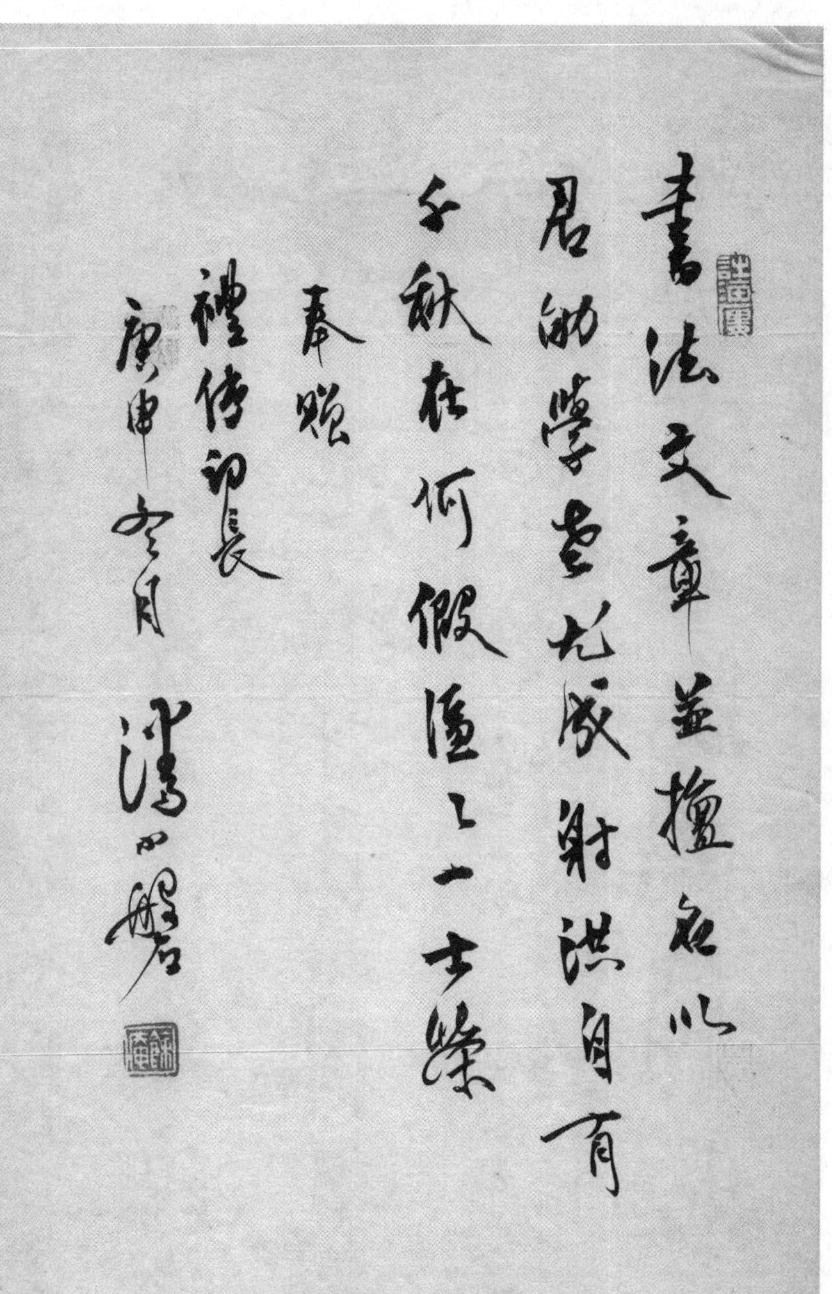

潘小磐贺诗

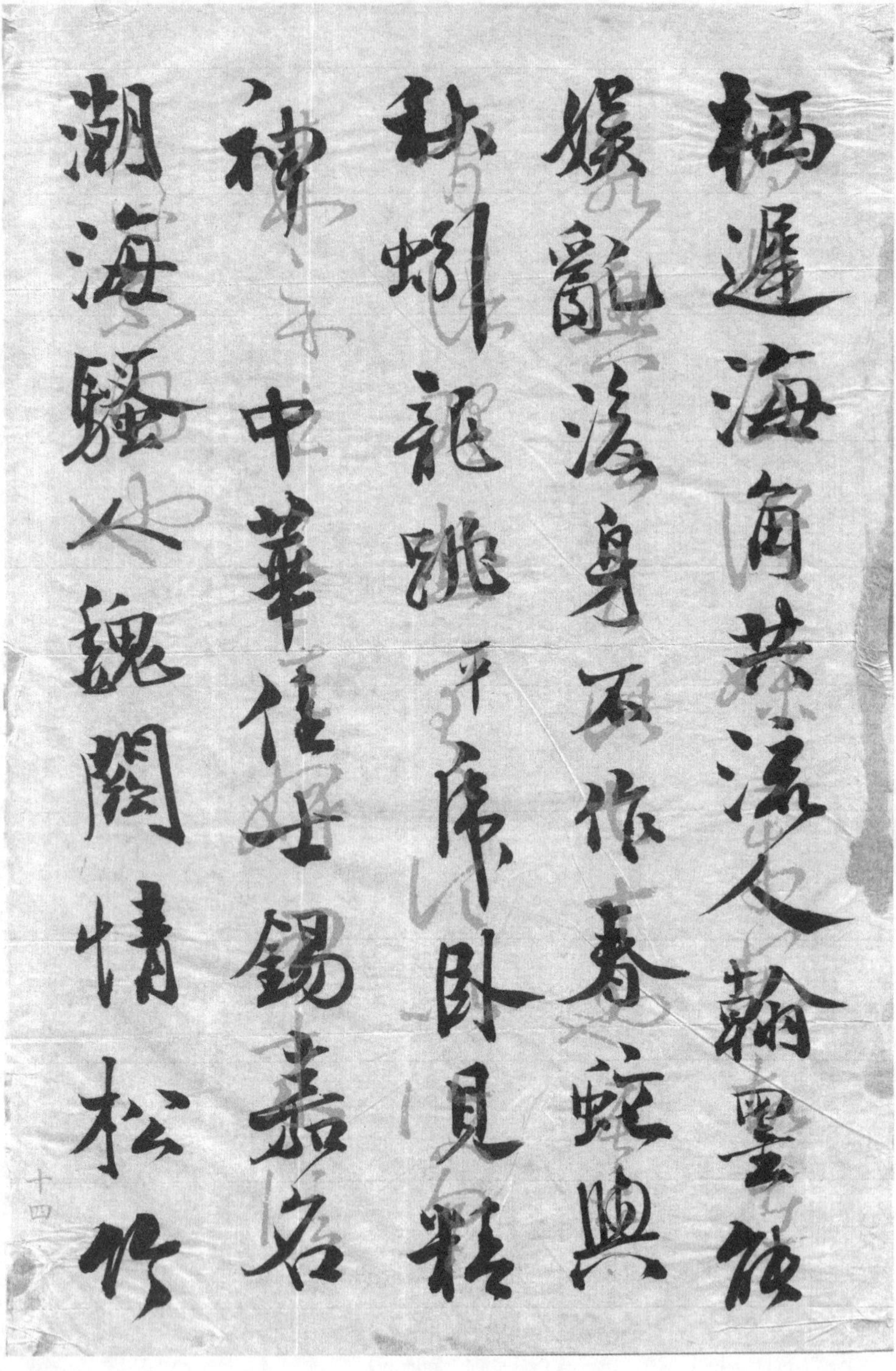

苏文擢贺诗之一

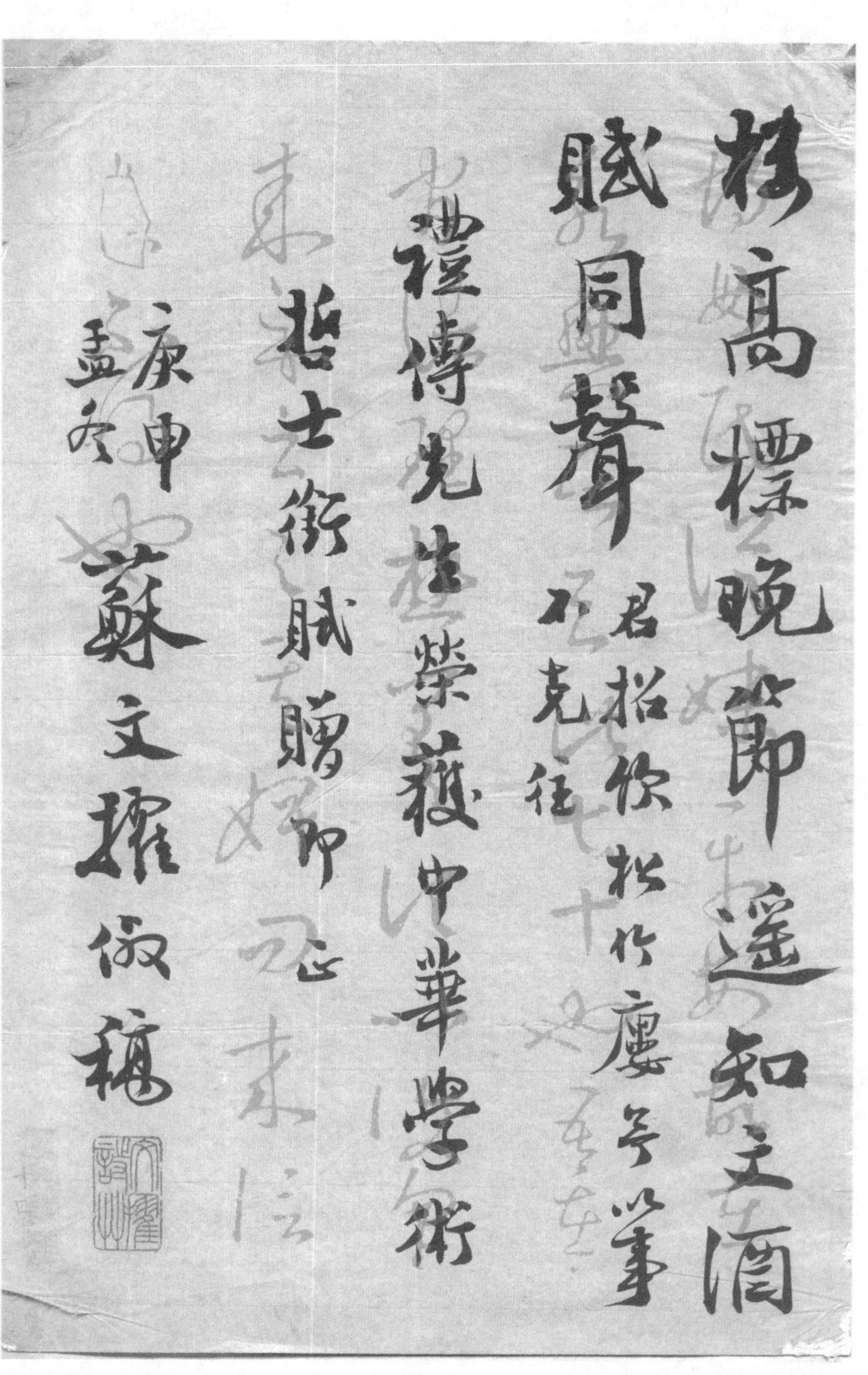

苏文擢贺诗之二

梁志超贺诗：

哲士荣膺动海城，骚朋四座尽欢声。节坚松竹人共仰，腹饱诗书气自平。
岭表从知多俊杰，炉峰今喜见文衡。扬清激浊吾侪事，应与元龙共结盟。

文叠山贺诗：

豪情好客陈惊坐，哲士荣膺鬓未皤。酒不空杯怀壮海，书能走俗步东坡。
庠序传薪名教远，行看桃李绿茵多。

李建宏贺诗：

圣代礼贤哲，士为世所重。明良安廊庙，敷教树仁风。澄海俗淳厚，陈侯笃孝恭。域外扬国粹，艺事誉声隆。华冈颁荣衔，群伦翕钦崇。

陈叔良贺诗：

昔登贞士榜，今跻哲士群。且喜潮有信，海上吐奇芬。华冈苍郁郁，擎天张一军。

几辈瞠尘绝，崇衔远赠君。盛言精美极，大笔书联文。（晓峰先生寄语陈君，大笔赐联，精极美极）岂惟名实至，物物类以分。

试看花间绿，辞枝逐白云。同心而异辙，聊适其适云（君远相邀约，惜余不登山有年矣）。艰难三代下，珍重如声闻。

黄丽松函：

欣悉先生膺选为“中华学术院”哲士，实至名归，可喜可贺。先生书法，有君子之风而自成家数，誉满海外，非偶然也……

1981年　辛酉

七十岁

❖4月16日，赋古风一首贺香港九龙民生书院创校校长揭阳黄映然老先生九二大寿。

4月16日于美丽华大酒店万寿宫参加香港九龙民生书院创校校长揭阳黄映然老先生九秩晋二大寿庆贺活动，有古风长诗一首为贺。

1982年　壬戌

七十一岁

❖从乐善堂中学退休，仍在港九潮州公学夜中学上课。

❖1月30日至2月2日，与香港同仁于台北正中诗书画廊举行联展。

❖4月12日，托妻儿回汕头省亲，作《九龙大角咀码头送内人张慧娟率儿回里省亲有感》并序。

经过几十年的执教生涯，1982年从乐善堂中学退休之后，陈礼传白天在家潜心著述及研究书画，晚上则仍到港九潮州公学夜中学上课，腾出了更多的自由时间。

自1951年起，陈礼传先后执教于九龙启德学校、香港德教学校、港九潮州公学夜中学，其间于1972年受乐善堂中学校长黄福铃先生之聘，任文史教席，聘期为10年，于1982年期满退休。作《乐善堂中学退休告别同寅感赋》并序：

余自庚寅南走香港，初寄食于南北行街荣丰隆行，终以陶朱业非余素愿，越岁移居九龙之后，继续初衷，从事文化活动。先后担任启德学校、德教、潮州公学夜中学主任，迄今已达三十寒暑。一九七二年期间接受乐善堂中学校长黄福铃兄之聘，为该校文史教席。屈指已满十载，树木之基已成。今秋适为余退休之年，离校在即，回忆乐中十年，深荷同寅之指引，得免陨越，且犹诸生之爱戴，益收教学之效。遂赋骊歌。人非草木，临去也不无依依之感。赋别同寅一章及留

别诸生七绝二首，以资永念并就正于有道。

难得鳝堂乐善隆，退休陈子别诸公。十年赞育龙城上，一席追陪鹿洞中。珍重砚田留好种，飘扬衣袖卷清风。天涯久念慈亲老，正拟今朝乞养终。

乐善堂中学退休留别诸生

一

十年讲学此黉宫，满座诸生泳雨濛。
都志吾家虞舜道，天开乐善与人同。

二

凌霄属望挟风雷，一角东方曙色开。
话别鹅湖贤弟子，补天端赖济时才。

人到晚年，念亲思乡之情更切。远游数十年，因诸多原因，他空怀思念慈母及家乡之情，却未再踏进内地一步。改革开放之后，时老母亲也由二弟礼思接到汕头居住。他便抱着试探的心态，先后于1980年和1982年两次委托其妻儿回汕省亲。

《九龙大角咀码头送内人张慧娟率儿回里省亲有感序》：

余自庚寅……别母离家，迄今三十又二年。孺慕之心，无时或已。今岁四月四日至十七日，适为学校假期，乃请吾妻回里，代余省亲行年九秩晋四老母，并访问诸亲友。四日上午九时，吾妻带同书儿凤女，一行乘的士到大角咀码头，乘鼎湖轮赴汕。是日余到码头送行，赋此以寄意，壬戌四月四日。

全诗感情真挚，对慈母、故乡、亲友充满思念之情，同时也充满期待之情。4月12日，妻儿离开汕头返回香港，他便着手将妻儿回乡的所见所闻及所摄的照片并亲人往来书信进行整理，并以隶书题下“亲情”及章草“家书抵万金”，编成思源堂丛书第十种，由正风教育出版社正式出版。

1982年春，与香港诗书画同仁文叠山、张江美、骆韶光、容创斌、王世昭、涂公遂、林建同、陈若海、冯汉树、马思帆、李曼石、陶沄、刘悦笙等人联合在台北市正中书画廊举行诗书画展览，作品共百余帧。展期为1月30日至2月2日，展期适逢春节，前往欣赏的观众人山人海，盛况空前，台湾文化界与传播机构均有好评。

陈立夫先生因感冒未能出席，过后有函致陈礼传：

礼传先生：

香港诗书画协会响应梅花运动，展出诗书画，至佩！立因患重感冒，不克参加为歉。敬祝展览成功！

并颂春祺！

陈立夫启

八二，一，卅

1983年　癸亥

七十二岁

❖在香港艺术中心举行第二次书画展。

❖年初作水仙图并题咏。

1983年4月初，陈礼传在香港艺术中心举行个人第二次书画展。

毛松年题联志贺：

文化宣扬推健笔，龙蛇飞舞见深功。

潘小磐题送贺诗：

胎息早从双鹤帖，光芒遥起九龙滨。
平生车笠倾湖海，积学虚怀佩此人。

王世昭于壬戌中秋为其作《介陈礼传先生》文：

陈礼传先生，广东省澄海县人，国立中山大学法学士，性至孝，好读书，经受知于于右任、刘侯武、张其昀三先生，故曾任两广监察使署秘书，佐刘侯武，获胜利勋章。……张其昀先生授以“中华学术院”哲士。流寓香港三十余年，除教学外，间以书法自娱。初不以示人，既渐为人知，乃面世。所作入鲁公、出章草，秀逸如出水芙蓉。其成功，半为人力，半由天授，非伟致也。

壬戌中秋，铁髯王世昭识于九龙半岛之大观楼

何敬群教授也作《陈礼传书法介言》:

陈君礼传将再展其法书，而属余为一言以介。书为六艺之一，亦为我中国特有之文艺。陈君专精此道，戛戛独造，为余所熟知，自当力推而不厌也。君籍澄海，国立中山大学秀出之法学士，以文辞书翰，受知于监察院长于公右任与两广督察使刘侯武先生，书记翩翩，冠绝一时。……南来香港，从事中华文化复兴运动，尽心力于侨民教育，钟鸣铎振，为海上名师。潜心述作，出版名著多种，风行一时。而益肆力于书法，自秦篆法隶晋帖唐碑，无不深研精究，皆能得其神而极其韵，尤工于章草，雍容驰骤于钟繇索靖之间，于浑厚朴茂之中，自具刚健婀娜之致。更擅颜体，所书正气歌，苍劲庄重，足令观者肃然起敬。巨幅若“龙”、若“虎”，均以一笔呵成，并具扛鼎之力，如虹贯日，想见功力之深。尺牍则若簪花散绮，随意挥洒，也均体态娴雅，风度端凝，又可想见其笔致之美，足为中国此一文艺之光。爰为数言，简介如右，以供爱此道者之共赏也。

壬戌冬月，遯翁写于益智仁室

台湾李超哉先生也写了《读礼传哲士书后》一文:

余欧游初抵国门，即接晚香斋主人陈礼传哲士自香港驰书于余，告以其书法专集即将梓行，嘱以一言为介。自惟学书七十余载，迄无小成，何敢妄言以辱其书，重以礼传先生分属同道又高风亮节之士，故勉尽一言，以示倾眼之忱!

礼传先生与余订交，溯自上年其参与香港诗书画协会来台举行书画展览席上，历时虽暂，情谊日深，宴饮谈次之间，知其一生敝履尊荣，游于方外，于世局纷纭中，似无一物以萦其怀，然忧时念国之情，咸寄托于烟云楮墨之间……乞观其所示之书法，不但各体皆备，且均功力深厚。其法备而精，其力显而逸。其所书碑体对联，苍劲遒逸之气，逼人眼底，岂扛鼎而已!礼传先生固擅各体书，而余独爱其章草。近人之攻此书者固多，不失之于臃肿，或败于尖锐，均有可议，弥不足珍。惟陈子所为之章体，诚如吾乡友何敬群诗老所云:雍容驰骤于钟繇索靖之间，于浑厚朴拙之中，自具刚健婀娜之致。平实之论，具有同感!近人王世镗、卓君庸诸大家，以章草书名于世，固无可非议之处，若能以师古而不泥古，推陈出新而富有创意者，则王卓二家又瞠手其后矣。

吾师于右任先生论书有云:一个字之好坏，第一要“无死笔”，第二要“有新意”，今人临池，多食古不化，照本宣科，重“形”似而失之“神”似，字中无“我”，形同墨猪。而陈子之书与诗，能自抒胸臆，独创风格，有熨帖自然之妙，佳韵天成之合，抒情一任自然，行笔更见酣畅，此攻章草所难能者。古之张芝与索靖之书，其所以世无与者，盖能祛章草之病，取章草之长，余意章草之特

征，字字有区别，万字皆同一，笔断而意连，变画而为点，更便于横行书写，因其字字能独立，不若今草或狂草之连绵不断也。羊欣有云：皇象草书，沉着痛快。此语最足以状其笔势，故千古来，章草不绝如缕而能发扬光大，此实为其命脉也。

陈子临池学书，非百十日之功，积池水尽墨之力，上比崔杜不足，下方罗赵有余，其所以在士林能风靡一时，而时人亦以其书片楮足惜者，其来也有自，非偶然兴致！总之陈子之书，行笔有灵秀之气，取势有变化之姿，不温不火，亦密亦疏，笔笔中锋，字字圆融，不若他家之板滞呆钝，火燥而欠含蓄。张怀瓘《书断》称："崔瑗善章草，点画之间，莫不流畅，利金百炼，美玉天姿，可谓冰寒于水。"陈子庶几近之矣。

本集中所收，罗致弥广，行、草、楷、隶俱备，题识尤有多佽妙，自为传世之作！挑灯读字，尽夜无眠，欢喜赞叹之余，率书数言以张之。

壬戌初冬于右右堂时客台湾

年初作水仙图并题咏一首：

何处香风送，登堂见水仙。不依泥土活，品性高于莲。

有自况之意。

1984年　甲子

七十三岁

❖正月十二日，陈母蔡太夫人九十晋六大寿，作《慈竹九秩晋六有感》七绝四首，又作《故乡风貌》国画一幅并题诗。

❖3月20日参加香港陈氏宗亲总会六十周年庆。

❖4月3日接待马来西亚槟城陈氏访问团抵港祭祖。

❖10月11日，赴台北文苑画廊举行书画个展。

1984年农历甲子年正月十二日是太夫人九十晋六大寿，陈礼传作《慈竹九秩晋六有感》七绝四首：

一

载笔离乡卅四春，添筹慈竹又翻新。
故山回首情难已，万里横空一片云。

二

七十古稀今不稀，乡音无改鬓毛衰。
波云隔岸仍如昨，结伴回乡应有期。

三

积居南市多驰逐，栽菊东篱有退藏。
豪气元龙今似昔，名山事业在篇章。

四

冬去春来年复年，百花齐放艳阳天。
昇平人道归乡急，何日承欢到膝前。

又作了一幅画——《故乡风貌》。图中背景以简练的笔墨描绘家乡蓬岛二山，山麓有几间茅屋，而主景则是一株参天古松，枝干屈曲斑驳，挺立于天地之间。并题诗一首，以苍松喻于慈母：

蓬岛山下一苍松，历尽沧桑不改容。
战风战雨战霜雪，黛色参天屹立中。

时居内地的诸弟妹纷纷来函香港，函请他回汕主持老母生辰庆祝活动。他因负责港九潮州公学校务未能分心，便嘱咐夫人张慧娟带同儿子陈麟书到汕头为老母祝寿。

3 月 20 日是香港陈氏宗亲总会六十周年庆，陈礼传全程参与庆典活动的筹备。

4 月 3 日，马来西亚槟城陈氏访问团抵港举行祭祖仪式，他作为主办方代表全程参与接待。

10 月 11 日，陈礼传满载书轴赴台北市，于台北文苑画廊举行书画个展。台湾中山大学校长赵金祁及台湾政要、文教界、文艺界人士共一百多人出席开幕式，台湾媒体也作详细报道推荐。衍圣公孔德成发来贺词，郑彦棻因出访欧洲也发来贺函。展览会办得热烈隆重。

1985年　乙丑

七十四岁

❖正月初五偕同妻儿回汕头为老母九秩晋七庆寿，初八至岛门祭拜先严。

❖作《北堂九七寿辰》七绝一首。

❖参观正在建设的汕头大学第一期工程，撰《李嘉诚与汕头大学》一文在香港《华侨日报》发表。

❖农历三月十五日，因胆结石入住玛嘉烈医院，十日后出院。

❖获时任台湾教育事务主管部门负责人李焕题“宏文弼教”奖词。

1985年农历乙丑年正月十二日是太夫人九十七岁寿辰，汕头、澄海、广州诸弟妹以母亲年迈催促陈礼传回里省亲。

> 余自庚寅西历一九五〇年迄至本年乙丑西历一九八五年……离家三十有五载矣，怀念北堂思及乡井与诸弟妹亲友，无时或已。
>
> 今岁乙丑正月十二日欣逢北堂九秩晋七寿辰，汕、穗、澄海乡下诸弟妹先后函催，以北堂年老，要余回里省亲，并假汕头二弟礼思寓所于北堂诞辰之日联合举行家庆，藉报劬劳于万一等语。思之诚然，于是，返里之行遂决。（《家书代序》）

正月初五日，他偕同妻儿一行三人，搭乘“龙湖”号海轮前来汕头。初六日上午十时许到达汕头。时诸弟妹及亲友已在码头等候多时，见面时真有“近乡情更怯”“相见不相识”之感。叩见母亲时，九旬老母紧执其手，微微点头，喜在心头。陈礼传也热泪盈眶，离别慈母已三十五年，心头自有一种说不出的感慨。

初八日，与弟妹亲友一行十余人到故乡岛门拜祭其先严。抵达乡门后先到大圣宫进香，回忆起儿时随母到此参拜的情景，眼前还浮现出儿时在大树下、池塘边戏耍的情景。离乡数十年之后再次踏上故土，思绪万千。又到弘冈祖祠老人院慰问乡里父老并送慰问金。

祭拜完先严，便搭乘石尾下渡到隔溪的程洋冈乡三妹亚玩家居住，至正月十二日回汕头为母庆寿。亚玩是笔者的外祖母，因舅父侨居泰国，故外祖母和我们一家住在一起。陈礼传少时在程洋冈凤冈学堂学习，其祖母也是程洋冈人，到了程洋冈，不免来一番寻旧之旅。之后又到坑顶寻访其表兄蔡长贵的后人，并送慰问金，以报少时表兄一家相留相护之恩。

笔者二姐妙娜是乡里的幼儿园教师，带有一班活泼可爱的小朋友，老先生童心未泯，让二姐将小朋友化妆整齐带到家里来拍照。回港后又冲洗了许多张寄回来，分送每位小朋友。

正月九日，再胜弟自岛门来，告知弘冈祖祠内老人院于祖祠右面，张贴大红标纸，上书“热烈欢迎陈礼传先生回乡参观，岛门老人协会敬启”，并将老人协会请柬交余。余阅后，以诸父老意诚，不敢违，乃于午后二时同再胜弟回里，接受父老之欢迎。全体父老排到祠前，而围观之长幼乡亲达百数十人，场面热烈。主事者见余抵埗，即点燃长达二丈之爆竹，以示欢迎。一时“噼噼啪啪”之爆竹声，震耳欲聋！此种不平凡仪式，在岛门创乡有史以来尚不多见。余此次回里，心在上山拜祭先严，除诸弟妹内外亲友儿孙外，不事张扬，盖非“衣锦还乡”，何况“旧官僚”记录有案呢？至于正月初九日弘冈祖祠内老人院诸父老热烈欢迎场面，出乎余意料之外。诸父老此举不无“今是”“昔非”之慨。在余能有机会于青天白日阳光普照之下，接受此盛大场面之热烈欢迎，亦足以自豪矣。如非“旧官僚”恐无此盛大场面也。(《家书代序》)

得此殊遇，回想离家之后被抄家之事，感慨万千。

正月十七日离开汕头回香港。

此次回汕头为老母祝寿，陈礼传作了七绝一首：

北堂九七寿辰

人生七十古来稀，北堂九秩晋七时。儿孙一堂共庆祝，喜有萱草可忘忧。

又参观正在建设的汕头大学第一期工程，回港后撰写《李嘉诚与汕头大学》一文在香港《华侨日报》华侨文化专栏发表。

揭开中国现代史，海外华侨以个人资力创办大学者，有两人焉，一为星洲侨领闽人陈嘉庚，一为香港侨领粤人吾州李嘉诚。有关陈嘉庚事迹，当另文言之。兹所述者，为“李嘉诚与汕头大学”。李嘉诚先生出身书香门第。其尊翁在故里任小学校长有年。日军侵华，潮汕沦陷，李氏举家避居香港。其间，中学未毕所

愿，乃翁则因肺病逝世，先生中途辍学。为了生活、照顾母氏、抚育弟妹，四十年代即踏入社会，初入工厂，任“销货员”，以勤奋有为，甚得人缘。进入五十年代，正当香港塑胶花业畅旺时期，嘉诚先生雄心勃勃，致力于塑胶花之经营，“生意滔滔”“黄河之水天上来”。是时地产业也极兴旺。李氏独具慧眼，以其余力加入地产买卖、建筑活动，成立长江实业有限公司，作为经营大本营。至七十年代，一跃而成为香港地产建筑业巨子。嗣且跻身于金融界，成为官方英商“香港上海汇丰银行”董事。为吾州海外金融与银行界之第一位著名人物，执香港地产建筑金融工商经济之牛耳。

嘉诚先生全心全力注意商业活动之余，且致力于家乡建设。由一九七九年至一九八一年期间，有鉴于家乡民房医疗之缺乏，一本“思源”“仁爱”之心，先后于梓里潮安县、潮州市，及汕头特区，建立民房医院多所，使贫困者居有定所、恫瘝者病有医药。受其惠者，何止万千。此为嘉诚先生对家乡之一般建设也。至言“十年树木，百年树人”之高等教育“汕头大学”之创立。其志之大、眼光之远，非一般为富近视者所能望其项背也。且说吾潮位于五岭之东，大海在其南，文风之盛，向有“海滨邹鲁”之称。鼎革以还，教育文化比诸中区广州落后，广州有公私立大学四所，中学更难仆数。返观吾州十一县市局，中学有金韩二山，每县各有中学一所，汕头有市立中学一所、私立中学三所。与广州比较，相差甚巨。州人子弟高中毕业后，如要升读大学，势必远离乡井。中产之家，近则港穗，远则京沪，贫穷子弟有志升学，只有望洋兴叹！州人之苦，自日本投降，国土重光之后，两广监察使、乡贤潮阳刘侯武先生有见及此，乃于任内倡议创立“潮州大学”。星洲侨领陈嘉庚先生，且有《论潮州大学》一文，予以响应。刘使先后于曼谷、香港两处，汇集吾州工商巨贾，商谈多次，不佞亦尝奉命，列席参加座谈。经多次座谈结果，咸以有建立“潮州大学”之必要。且决定于府城附近适当地点，为建校之址。嗣以建校经费问题，未有解决。不久，刘公任满，领导乏人，建立“潮州大学”之美梦，遂告寝息。比年以来，州人为弘扬地方文化，利便子弟深造，光大海滨邹鲁之风，旧事重提，乃有“汕头大学”创建之议。成立筹建委员会，专职办理，其祈于成。一九七八年春，香港长江实业公司董事长、潮安李嘉诚先生，闻悉地方人士有此建议，首先去函，表示赞同，并愿认其全力，负担建校经费。具“乘风破浪”之心，以“汕头大学”之兴建，志在必达。其言曰：“汕头大学之创建，成功与否，较诸个人生意，以及其他一切之得失，更为重要。”并决定以港币一亿元，作为“汕头大学”第一期工程之需。壮哉！李氏之言也，如雷霆之响，如泰山之重，非有超人之“智”之“仁”之“勇”者不敢言也。且看今日香港，李嘉诚先生能执经济之牛耳者，非无因也。去岁余曾在致贺李嘉诚先生创建“汕头大学”函中，有曰：自李唐来，韩文公治潮以后，创建“上庠”之第一人。非过誉也。

大学第一期行将完成。照片所示，乃第一期工程之一部。第二期工程，如运动场、游泳池等之建设，尚在进行中。至于整体全部工程之竣工，最快须至一九八六年，迟则八七年可以完成。此校之建成，岂只利便州人子弟升学深造已也。对于国家建设、民族文化，亦有赖焉。且与“厦门大学”独无偶有。同为海外华侨个人独资所创办，难能可贵。在潮汕志乘中，又多一页，加添光彩，永垂不朽矣。

一九八五年三月写于香港晚香斋

（刊于一九八五年三月二十七日香港《华侨日报》华侨文化专栏）

或许是回里兴奋奔波劳累所致，回港后的农历二月十五日下午，陈礼传腹部忽然剧痛难忍，便由妻子与外孙陪同，到辜医生处诊视。经辜医生仔细检查后断为急症，并由辜医生介绍到公立玛嘉烈医院急诊。经 X 光检查后，断为胆炎发作，第二天旋行手术，开刀将胆石割除取出，留院观察一周后，由医院分配到明爱医院休养，时间为一个月。农历三月二十五日出院，在家休息一周后就返回港九潮州公学夜中学办公。日间在家休养期间，为提振精神，打发无聊日子，拣出40 年来在广州、香港所摄的重要活动照片辑成《生存与生活影集》，又将所摄的书画照片汇成《陈礼传书画集》一册。二书编辑完成之后，他的精神大振，畅然自得，乐以忘忧。“五月十四日余出院回家，休息一星期后，五月二十日星期一回校销假，身体现已恢复正常，惟体重减少十余磅，预料多一个月后，体力当可恢复旧观也。”（1985 年 5 月 28 日致外甥孙女妙娜函）

这一年，陈礼传又得到一份大礼，时任台湾教育事务主管部门负责人李焕题“宏文弼教”奖词，对其服务教育及创正风教育出版社出版多部专集弘扬中华文化予以奖勉。

1986 年　丙寅

七十五岁

❖太夫人九八寿辰、正风教育出版社创社十六周年、恰逢《生存与生活影集》出版，三喜临门，于松竹楼设席宴请在港文教界同仁好友。

❖7 月 4 日，国立中山大学校友陈礼传、林莲仙、李杜石三人书画展在香港大会堂举行。

❖撰写《书法漫谭》一文，载《香港时报》。

1986年农历正月十二日，是太夫人九八寿辰，是年又是正风教育出版社创社十六周年，恰逢《生存与生活影集》出版，可谓三喜临门。陈礼传遂于农历正月十八日（公历3月9日）于松竹楼京菜馆设席宴请文教界耆宿同仁友好，共庆三喜。当日出席的嘉宾有潘馀庵、陈荆鸿、黄维琩、苏文擢、涂公遂、王韶生、黎晋伟、何敬群、王淑陶、柯丙流、林仁超、袁效良、容镇国、潘佛涵、陈树琛、李任难、李达如、黄自强、陈春风、吴梦天、文叠山、陈本、陈玉香诸教授及国画名家。席间诸位名家均献上诗联书画作品为祝。

陈荆鸿集徐夤、苏轼诗句：

多栽桃李期春色，共喜椒花映寿杯。

林仁超撰联：

虎啸风生一元复始，莱彩墨舞三喜临门。

何敬群诗云：

虎年岁首，礼传陈先生招引松竹楼，庆祝太夫人九秩晋八、正风社十六周年、四十年生活影集出版，一时盛事，三喜临门。宜有百朋之锡，应赓九如之歌，爰为诗以张之曰：

岁值虎年欣受耋，萱堂春早祝期颐。正风作社张文翰，影集成书纪缉熙。
松竹楼头欢共庆，太平山下乐随时。再倾竹叶松醪酒，我亦醺然为赋诗。

7月4日，中山大学香港校友陈礼传、林莲仙、李柱石三人于香港大会堂高座七楼展览馆联合举行书画展。陈、林、李三位均毕业于中山大学，在香港从事文化教育工作三十余年，闲暇雅好丹青，先后于海内外参加国际邀约展及巡回展暨个展多次，获得海内外士君子的好评。《香港时报》于6月15日有题为“国立中山大学校友书画联展”的报道：

国立中山大学居香港校友，为数不少。其中不乏知名之书画家，惜各因生活工作之繁忙，向少联络。居港校友陈礼传、林莲仙、李柱石有感于此，为加强校友之联络与发扬吾中华民族之特有书法文化与国画艺术，经定于下月七月四日至六日，假香港大会堂高座七楼展览馆有书画联展之举。展出之书画，合计百数十帧。作者参展之书画，旧作新写，大小数十幅。其中有巨幅六尺一笔书若“龙”若“虎”若“凤”，与颜体文丞相《正气歌》，并有章草恭书国父孙中山先生

《心理建设》自序全文。国画有《和平相处图》一条幅。今岁一九八六年乃国际和平年，此图为适时之作。图之上端书大唐进士李华《吊古战场》全文，足为黩武者鉴戒！又有巨幅篆文“法”字一帧，附楷书淮南子《主术训》、墨子《法义》各一段。今日香港五百万自由居民，正向基本法起草委员会，大力争取生活自由、政治民主。此作可表达香港居民今日及未来心声，此为别出匠心之创作，在书画联展中较为突出与可贵。至于林莲仙、李柱石两校友书画，早已饮誉士林，蜚声国际，不待介言矣。

为推广普及书法教育，陈礼传写了《书法漫谭》一文，连载于1986年《香港时报·书艺》第四十三至四十九期。

1987年　丁卯

七十六岁

❖农历正月十一日，提前一日为太夫人九秩晋九祝寿。

❖5月下旬做第二次胆石割治手术，6月18日康复出院。

❖出版《陈礼传书画集》。

❖书《国父孙中山先生〈心理建设〉自序》章草书法长卷。

❖人物传记及篆书作品入编《香港年鉴》第四十回。

❖正式退休，结束三十多年的教坛生涯。

1987年农历丁卯年正月十一日，陈礼传提前一日设宴为太夫人九秩晋九祝寿，宴请在港文教硕彦二十余人。《香港时报》报道这一盛会：

本港正风教育出版社社长陈礼传哲士，为书法名家，所作章草，早已蜚声艺苑。陈子在港从事文教工作，历时三纪，著作等身。陈哲士为学做人，素抱尊师重道，敬老扬贤，弘扬孔门忠孝思想为职志。今岁丁卯旅端，欣逢太夫人九秩晋九华诞，陈哲士特为北堂祝嘏。昨假九龙松竹楼京菜馆，设桃酌欢讌文教界士君子。并柬邀者有：潘小磐、陈荆鸿、潘思敏、黄维琩、王淑陶、苏文擢、王韶生、涂公遂、何敬群、徐良安、黎晋伟、林仁超、陈宝森、陈冠夫、袁子予、吴溯溟、陈本、李懋、潘佛涵诸学者耆硕暨正风社同行。济济多士，雅集一堂。佳

肴美酒，宾主尽欢。酒酣，徐良安教授即席赋和陈母蔡太夫人九秩晋九寿庆七律一章曰：

诗礼传家福德高，母贤教育子孙豪。为章大业为邦宝，海屋添筹酌玉醪。
舞彩娱亲怀少慕，延宾开阁咏劬劳。今年九九欢承菽，来岁期颐大寿桃。

何进群教授也送来贺诗：

松竹楼头松竹苍，孝思不匮引壶觞。萱堂庆衍九秩九，海屋添筹长更长。
舞彩娱亲云在望，倚闾相慰远知方。蓬莱仙客齐嵩祝，金母无量寿且康。

5月下旬，陈礼传做第二次胆石割治手术，6月18日康复出院。出院后出版《陈礼传书画集》。

《香港时报》对此事有详细报道：

……书法家陈礼传哲士以章草饮誉士林。陈哲士出身国立中山大学法学士、“中华学术院”哲士。早岁从吾国书圣三原于公右任游。一九五〇年……南来香港从事神圣文化教育工作，迄今三十又七载，期间为复兴中华文化，创立正风教育出版社，弘扬儒家“四维”“八德”思想，矫正社会颓风，打击异端邪说，深获海内外士君子与文教界人士赞许。

陈哲士在香港从事神圣文教工作，菁莪乐育，桃李满园。三余之暇，尤喜篇章述作，先后刊行专著影集凡二十种，有“文化斗士”之称。其名著《六十年来海外潮州人物志》一书，吾国学术泰斗张其昀博士誉为“创制之作”，有“异日各地必有仿行者”之最高评价。

近二十年来，益肆力于中华特有文化“书法”之研习，自石鼓钟鼎篆隶汉碑晋帖颜书唐楷诸体，无不精研深究，融会贯通，皆能得其神而极其韵。尤工于章草，恭书国父孙中山先生《心理建设》自序长卷，为世所宝。书法名家王世昭、陈荆鸿、涂公遂、何敬群、苏文擢著名教授题跋，赞为“资治之宝，章草无双”。日本书道名家有意以重金收藏，为陈哲士所婉谢，其名贵可知。陈哲士以书画同源，又从同事国画名家潮安柯君丙流研究国画。能者无所不能，数年之间，所作均有可观。

今岁丁卯，陈哲士以秩满，自港九潮州公学荣休。为珍惜过去从事教育文化，三余之暇，辛勤耕耘所作书画，举其要者，汇集成册，名曰《陈礼传书画集》，现已出版面世，内容丰富。陈氏之章草入而能出，雍容华贵，刚健婀娜，别具一格。所书颜体《正气歌》，苍劲庄重，浩然之气，跃然纸上，足以表现中华民族国格人格之伟大。巨幅六尺一笔书，若“龙”若“虎”，均能一气呵成，

如虹贯日，气势笔致，叹为观止。国画方面，如《莲》，天姿神品，一柱擎天，显示君子之风；如《兰》，寥寥数笔，具所南风范；如《竹》，飘然不群，顶天立地。

至于创制之作如《尼山孔子庙图》《慈竹长青母爱图》《和平相处图》《岛门三下韩江水边图》诸图，构图意境，并皆佳妙，含义犹深。爰为介文，以供士君子之共赏。

马宗庆也作《观〈陈礼传书画集〉后感言》一文，刊于《香港时报》：

吾友陈君礼传，志节坚贞，孝行纯笃。耿介重然诺，久为师友同学所钦迟。此由香港惠赠《陈礼传书画集》一册，“翰墨飘香天地春”。拜观之余，于其才艺超卓，敬佩无已。

礼传兄与余缔交近半世纪。自民国二十九年夏，从播迁滇南汀（澄）江舞仙湖畔国立中山大学法学院毕业后，应召前往西北。越岁，礼传兄也卒业返粤。一在天山之南，一居武水之边，相去万里，而心灵之默契互应，则无间南北。一九五〇年，礼传兄只身南来香港，从事教育文化工作。为复兴中华文化，创立正风教育出版社，弘扬儒家四维八德思想，打击异端邪说，不遗余力，名著踵出，饮誉四方。

今岁丁卯，礼传兄已秩满，自港九潮州公学荣休，为珍惜过去从事文化工作之余，辛勤耕耘，所作各体书法，钟鼎篆隶汉碑颜书唐楷章草，与国画花卉山水人物鳞潜羽翔，集其大成，汇为一册，名曰《陈礼传书画集》一册刊行于世。若论笔致、神韵、气质，当今艺苑鲜见。余观后，惊其进步之速，尤佩其年逾古稀，毅力之强。礼传兄妙笔参玄，诸名家已郑重评价，何庸赘述，加添蛇足。余所敬者，乃其流寓香港，三十有七载，洋场十里，耳濡目染，不为物欲所蔽，奔逐利薮；书生本色；立身行道，依仁游艺，法书传世，复又浸淫国画，不数年而泼墨淋漓，均有可观。其《竹》、其《莲》、其《兰》，雅逸绝俗，旨在表现君子风度。礼传兄书翰中每言“贫无立锥”，余独谓其“富可敌国”，翰墨飘香，千秋久远！以视折腰屈膝、脑满肠肥、浑身势利铜臭之辈，不旋踵而烟消云散，与草木同腐，相去奚可以道里计！爰述观感如上，艺苑耆宿、大雅君子，幸有以教焉。

同年，人物传记及篆书作品入编《香港年鉴》第四十回。

1987 年，七十六岁的陈礼传才真正地退休，结束了三十多年的教坛生涯。离开港九潮州公学夜中学时，他作了一首长诗，题为“赋别潮州公学校董同寅”：

南国序逢丁卯夏，欣欲从心致事年。潮州公学诸师友，宠赐欢宴意虔虔。
吾州夙昔宏文教，早开风气唐宋沿。礼传少日沐庭训，求学做人立志先。
负笈中山大学校，上庠申韩励精专。从兹一跃登仕版，柏台两广求民隐。
八年于役历艰辛，胜利复员蒙勋奖。宁期遭变遂南迁，服务公学迄目前。
创立正风张圣教，四维八德续勤宣。启德德教乐善堂，讲学掌校意无偏。
继任乡校日至夜，时跨二纪欣蝉联。菁莪乐育酬吾愿，诲人不倦遵师传。
多年寅谊承匡导，衷心铭感更拳拳。道义之情重久远，校誉增辉仗群贤。
生平意气重肝胆，门生爱戴逾三千。保持国粹弘文化，迭荷奖勉感荣焉。

1988 年　戊辰

七十七岁

❖为太夫人百龄大庆征诗文祝贺，出版《陈母蔡太夫人百龄寿言集》。

❖太夫人逝世，享年一百岁，归岛门山与道铨公合葬。

1988 年农历戊辰年正月十二日是太夫人百龄大庆的好日子，于丁卯春由陈礼传师友共同发起“征诗文书画启”，为太夫人百岁祝寿，该启由郑彦棻执笔：

……龙集戊辰，正月十二日，为澄海陈母蔡太夫人百龄寿庆。于时岭梅含英，春酒介和，咏南陔篇，致隆孝养，诵中庸章句，大德长年，诚盛事也。蔡太夫人，同邑道铨公之淑配，入主中馈，辛勤耕织，相夫有道，宜室宜家。育子男子三，长礼传，次礼思，又次礼廉。子女子六，均能独立，各有家室。

太夫人治事有方，处世谦和，急人之急，以忘机化众机，以慈惠拔不祥，用是遐龄克享，福有攸归。长男礼传，国立中山大学法学士，见知于监察院院长于公右任，抗日圣战，受命佐监察使刘侯武桂林广东广西监察区监察使署，任记室，勤谨负责。当日寇进迫湘桂之际，礼传奉命于危难之间，率领员工督运文书公物西迁百色，涉水越岭，间关千里，艰苦备尝，终于完成使命。

迨抗战胜利，国民政府由重庆还都南京，主席蒋公论功行赏，授勋文武百官，礼传获颁第五五五二号胜利勋章一座，为一生殊荣。监察使署复员移节广州，再受命兼总务科长，责烦任重，退食之余，白云亲舍，瞻望弥殷。乃板舆迎养萱堂于羊城，菽水承欢。天伦之乐，历时四载。岂意南疆被兵，风尘不靖，太

夫人归故里，礼传处变不惊，只身间道，南走香港，移孝作忠。朔礼传自庚寅……至今岁丁卯，三十又七载。违难期间，……响应中枢复兴中华文化与中兴大业，创立正风教育出版社，先后刊、编、著十数种，风行海内外，时誉归之，有“文化斗士”之称。其名著《六十年来海外潮州人物志》一书，吾国当代学术泰斗、“中华学术院”院长张其昀博士誉为创制之作，有补于华侨史志，赠予“中华学术院哲士”荣衔，礼传之文学造诣，岂易得哉，有足称矣。礼传从事神圣教育文化工作，奋斗已逾三纪，由中小学教员而主任而校长而大专教授，三余之暇，尤潜心于吾国独特文化书法之研究，兼习国画，十数年间，有所成就。先后在香港、台北、星洲等地举行个展、联展，参展凡十余次，获得海内外及国际人士之好评，誉为当代“艺苑奇葩”。所作章草颜楷，早已蜚声国际艺坛，其名作且为海内外文化机构所珍藏，来《陈礼传书画集》行世。

昔子舆氏有曰：“事孰为大？事亲为大。守孰为大？守身为大。”礼传事亲则纯孝，立身则忠贞。教育诸生弟子则以圣哲“四维”“八德”为训。此皆吾中华民族传统文化立国精神，其关系于风教者，既明且切，足以风世励俗。彦棻等与礼传交游有素，体其乌私，特发起征求诗文书画，为贤母蔡太夫人寿。敬祈大人君子惠赐鸿制，以彰孝道，俾作祝嘏之庆，完成娱亲之篇，永存不朽！不亦懿欤！是为启。

陈礼传逐一将“征诗文书画启”寄送诸师友，并“赴约函”一封：

敬肃者：

明岁……西历一九八八年，岁次戊辰正月十二日，欣逢家慈蔡太夫人百龄寿庆，可喜也。礼传违难香港，从事神圣教育文化工作，迄今已逾三纪，白云亲舍，瞻望弥殷。礼传一介书生，……数十年，与往来者，以文化界士君子为多，明月清风，力所能及，心所景仰者，在于篇章文化。为报母氏劬劳养育之恩，用是以篇章报答春晖，文章华国，聊补物质奉养之不足。书生本色，抑亦复兴中华文化伦理之一道也。荷蒙海内外长官师友同学厚爱，共体乌私，赐予发起“征诗文书画启”，为家慈祝嘏，仁者之心，深铭五中，岂只母氏之光，乃礼传等之荣也。素仰先生望高北斗，品重南金，爰特肃函附呈“征诗文书画启”，请察阅。体其乌私，垂慰鹤望，欬唾珠玉，借增光宠，永存不朽！幸甚感甚！

此上

陈礼传顿首

一九八七年九月九日于香港

“征诗文书画启”及“赴约函”寄出之后，一时间，各地师友纷纷寄赠诗文

书画不下百数十件，使思源堂珠光熠熠，四壁生辉。陈礼传精心将其汇编成《陈母蔡太夫人百龄寿言集》予以出版。并恭请衍圣公孔德成题写书端，潘小磐为该书作序。时任台湾监察机构负责人黄尊秋也以书函代序。

黄尊秋函：

礼传先生有道：

接奉八日手翰，欣悉令堂蔡太夫人百龄嵩寿，先生以古稀之年尚沐萱晖，天报学人，亦云厚矣，曷胜景慕。盖闻大孝在显亲，先生汇当代名公寿慈母之颂，两成寿言集，孝思谓隆，可为世法。尤以先生青幼之年，致志廊清，迨长，躬历抗战，服务柏台，行宪之后，出掌军法，持身清廉，无枉无纵，誉扬是集。旋以避地海隅，执教上庠，门墙桃李，蔚然成荫。菁莪乐育，功在社会。更参与社团活动，莫不以忠国爱乡，文化薪传为己任，士林颂声，岂轻发乎？当兹慈母期颐嵩寿，海内外孺慕情殷，发为高文，或诗词、或联语，无不珍同珠玉，当汇集成册，成寿言三集，以飨朋侪，敬志寿母之懿德，所以扬名显亲，是莫大焉。特函陈臆，恭请荃夺。嘱书如附。即颂。

著祺

黄尊秋敬启
一九八八年五月二十六日

潘小磐序：

尚书洪范五福，一曰寿，子舆氏言天下有达尊者三齿，一盖古人以富贵易求，耆寿难致，故尚齿而敬老。礼记王朝云：六十杖于乡，七十杖于国，八十杖于朝，九十者，天子欲有问焉，则就其室以珍从。说文云：八十九十曰耄，皆尊之之至也。余倾盖八垠，而亲友年至耄耋者寥寥，所为寿言，也如是而已。其庞眉皓发，寿晋期颐者，未曾觏也。今乃觏诸岭东陈氏太夫人蔡，以是岁孟春中瀚之二日，百龄有庆，英英哲母，天赐纯嘏，是真德门之人瑞也哉。文郎礼传礼思礼廉，为之布筵称觞，五代同堂，戚友云集，欢声溢于闾巷。礼传能古文辞，工书，有声于士林，海内外诗友以松柏之辞晋者，百数十篇，珠玉琅琅，将汇集为传家之墨宝而属序于予。余居海上，虽未获升堂拜母，而从卷中睹夫圣善之容，与兰玉之荟萃，亦为之踊跃靡已。诗曰：孝思不匮，永锡尔类。太夫人八秩晋一、九秩晋一寿言两集，余皆曾献芜词附丽其中矣。则此百龄寿言集其可不再为数言，以章陈氏昆仲尊亲能养之美乎。

戊辰清和月，顺德　晚潘小磐拜叙于独鳌峰下

1990年　庚午

七十九岁

❖2月，举行汕头大学落成典礼，制长联祝贺。

❖2月7日，出版《龙蛇书画集锦》《国父孙中山先生〈心理建设〉自序》（书法）及《岭东青年蔡泽瑾篆刻百寿图印谱》三册。

❖4月9日，“香港书法——香港艺术馆藏品展”在香港大会堂展出，有章草对联参与展出。作《香港书法展观后记》发表于5月6日《香港时报·书艺》第十五版。

❖4月12日作《七秩晋九生朝遣兴》七言绝句三首。

1990年2月，汕头大学落成典礼隆重举行，陈礼传送来贺联：

自大唐韩吏部以还，岭东盛拓文风于兹，继往开来，基立上庠资硕画；
与闽海陈嘉庚媲美，陇西深怀国本行见，致知格物，光照南纪育英才。

2月7日，《龙蛇书画集锦》、恭书《国父孙中山先生〈心理建设〉自序》（书法）及《岭东青年蔡泽瑾篆刻百寿图印谱》正式出版面世。

《龙蛇书画集锦》为作者自署书耑，台北“故宫博物院”院长秦孝仪书函及名教授涂公遂贺诗为代序：

礼传先生道右：

十月十五日华翰奉诵。大作《龙蛇书画集锦》各体俱备，工力深厚，至以为佩。

专此

布复

即候

道苐

秦孝仪敬启

一九八九年十月三十日

龙蛇腾跃海天宽，万古精贡起百端。陈子弘扬书画里，光华美妙蔚奇观。
礼传大书画家将举行《龙蛇书画集锦》展览，题此张之。

一九八九年己巳，弟涂公遂敬题于台北土湖艾庐

马宗庆作题为“翰墨飘香天地春”之序：

挚友陈礼传兄，志节坚贞，孝行纯笃，久所钦迟。顷由港惠赐所作书画集，“翰墨飘香天地春”，拜览之下，于其才艺超绝，弥殷倾慕，心颠神驰，不能自已。

礼传兄与余缔交近半世纪，自民廿九年夏汀（澄）江中大校会握别，虽天各一方，会少离多，然心灵默契，无间远近。及后，礼传兄在港创办正风社，名著踵出，辄不惜邮资，万里飞寄，俾获先睹，深佩其于复兴中华文化，致力之勤，成就之丰。在余记忆中，礼传屡曾告以视力日衰，此在常人，大抵封砚搁笔，闭目养神，及每捧手札，触目飘洒飞逸，端凝娴雅，日新月异，极尽鱼龙之变化，显见从未间断，反而奋笔疾书。兹读斯集，举凡石鼓、钟鼎、大篆、小篆、汉碑、颜楷、章草，无不灿然大备，得神极韵。既惊进境之速，更佩毅力之強。一惟勤勤恳恳，谓如稍有可观，皆拜慈亲寿庆翰往来酬应之赐，而犹殷殷感念得力于王世昭先生之鼓励与指引。积学虚怀，无丝毫志得意满态，循是着意研摩，孜孜不辍，天授人力，集于一身，是其造诣日深，楚苑焕彩，谁曰不宜。

礼传兄妙墨参玄，诸名家已为郑重评介推崇，何庸再置一词，以添蛇足。余特佩其流寓香江卅余载，十里洋场，耳濡目染，不为物欲所蔽，奔逐利薮，独能味道研几，依仁游艺，法书传世。后又浸淫画事，仅期年而泼墨淋漓，盎然成趣。能者无所不能，曷胜健羡。大好年华，神旺笔健。继此之后，佳作必将源源问世，其于复兴中华文化，功岂浅尠。礼传兄言“两袖清风”，余独谓其“富可敌国”，翰墨飘香，千秋久远，以视脑满肠肥浑身铜臭之辈，不旋踵而烟消云散，草木同腐者相去，奚可以道里计，质之高明，以为如何？

陈叔良题跋：

吾友陈君礼传，在香港从事文教工作，已越三纪。前年自港九潮州公学夜中学主任荣休。陈子居港期间，以章草书法扬名海内外，昨岁有《陈礼传书画集》之出版，风行一时。陈子最近有《龙蛇书画集锦》之编印，请跋于余。余于该书原稿潜心端详一番，对该书外貌之设计，内容编排，新颖与书卷味兼而有之，匠心独运，叹为观止。

本集子不少陈子往日香港、台北、星洲（今称新加坡）书画展出之作品：如《孝经》《典论论文》《前出师表》《兰亭集序》《正气歌》是也。观龙蛇两载新作，比前为优。如巨幅六尺一笔书之“龙”字、“佛”字，具磅礴之气，神韵尤美。此外《九龙》《八骏》《龙腾》诸图，属创制之作，为香港历次书画展出所仅见，有足称矣。书法贺中山大学高雄复校联“白云山峻，西子湾长”、贺校

庆六十三周年联“礼仪三百，威仪三千”，均从创校地点立论，典雅大方；校庆则从师生之威严着笔，均以四字造句而成佳联，概括校史校庆，结构工整美妙，巧夺天工。至于贺汕头大学建校落成一联，上下两款，联长五十四字，亦具历史创建人物，成此长联，令人读之肃然起敬，足见陈子器识非一般学者所能望其项背也。今岁为吾国北宋历史杰出名宦兼文学家范文正公仲淹诞生一千周年纪念日，陈子恭书范公名作《岳阳楼记》末段刊入，此作为纪念，希望执政当局以范公为楷模，用意尤深。更非一般书画集所可同日而语也。敬佩之余，爰为跋以归之。

至于恭书《国父孙中山先生〈心理建设〉自序》，则得到衍圣公孔德成先生的关注并赐题书端，陈荆鸿教授题写扉页。全文以长卷形式书写，卷尾有诸教授题跋：

王世昭教授跋：

以章草法书中山先生《心理建设》一文，无一懈笔，于刚健中见猗娜之致，诚一代必传之作，可以无疑。拜读既毕，为之欣忭无已。

壬戌中秋，铁髯王世昭敬识

何敬群教授跋：

陈侯手有生花笔，索靖钟繇并标格。精书国父典谟篇，心理革新先建设。挥毫落纸走云烟，铁画银钩品入神。宜与石经刊虎观，宜同石鼓勒贞珉。

一九八二年十一月　何敬群遯翁题

涂公遂教授跋：

创建中华尊国父，典谟圣训耀千秋。美哉陈子钟王笔，传世同臻第一流。

孔铸禹教授跋：

国父兴中志，导民建议心。典谟华夏重，圣训九州箴。万载垂霖雨，千秋悬墨林。凭君传妙笔，终古感同深。

一九八三年壬戌　孔铸禹题

吴瀓溟教授跋：

大道之行天下公，知难行易心理同。中山学说典谟训，尽入陈君此卷中。

一九八二年壬戌冬　临川吴瀓溟题

苏文擢教授跋：

昔贤谓心正则笔正，然则一艺之精能，尚当以正心诚意为本，况乎治平之大业哉。中山先生毕生宣劳国族，而淳淳以心理建设为党人，告其有得于圣贤之义至深。礼传先生精研八法，夙以输扬忠孝为重，兹卷所书，艺也，而通乎道矣。故乐为之题记如此。

壬戌冬至　苏文擢

书后又有诸多政要的题词。

孔德成：

弘扬主义。

郑彦棻：

皇皇圣教昭青史，笔笔精诚贯楮毫。

何宜武：

法乳钟王久擅场，天南饮誉见华章。摹书一序千秋事，澄海香山两益彰。

刘阔才：

国父圣训，导正人心。法书遒美，妙笔功深。

朱汇森：

弘扬国父思想，复兴中华文化。

黄尊秋：

国父心理建设为国家建设之基本，自序所示，语语肫诚，启人无限，景慕之忱。陈子恭书参艺苑同仁书画展，公诸国人，其用心尤堪嘉尚。宏规巨谟岂世出，治平自在此卷中。颖川笔端有奇气，双璧辉煌果不同。

一九八九年八月三日　黄尊秋题于台北

秦孝仪：

曰维典谟，国父遗教。大经大本，蕴义精奥。心理建设，自强首要。书缣帛，日月炯照。

敬题陈礼传先生手书国父遗教《心理建设》自序。

一九八九年秋吉　秦孝仪心波

邱创焕：

弘扬主义。

陈礼传先生恭书国父《心理建设》自序出版志庆。

邱创焕敬题

曾广顺：

发皇中华文化，弘扬国父学说。

陈礼传先生书《国父孙中山先生〈心理建设〉自序》

曾广顺敬题

任觉五：

卫道匡时。

礼传先生书国父《心理建设》自序书展志庆。

任觉五敬题　庚午元月十一日

马宗庆：

圣哲匡时论，恭书笔笔珍。黄庭扬遗教，拱璧启迷津。游艺夸瑰宝，正气赞凤麟。中兴资鼓舞，大展美传薪。

礼传学长恭书《国父孙中山先生〈心理建设〉自序》

马宗庆敬题

该书还附有孙中山墨宝五幅及年表。

4月9日，由香港市政局主办、香港艺术馆策划“香港书法——香港艺术馆藏品展”在香港大会堂高座十二楼开幕，共展出自清末至当代馆藏的86位书法名家的作品。陈礼传有章草“达摩传禅，法本不二；世尊成道，光照大千”一联参与展出。展览结束后，作《香港书法展观后记》一文发表于1990年5月6日《香港时报·书艺》第十五版：

“书法”一门，乃吾中华民族特有文化。从殷商两周到春秋战国，至秦汉晋隋唐宋元明清历代，以迄民国，已有数千年之悠久历史。

香港市政局为弘扬中华民族特有艺术文化——书法，由香港艺术馆策划，将该馆藏品之当代书法名家代表作，汇成“香港书法”八十六幅，现正在市政局大会堂高座香港艺术馆公开展出。该展览会于四月九日下午五时三十分正式开幕，由市政局议员林泽飘主礼。应邀前往参观之中外嘉宾百数十人，济济一堂，座无虚位。为本世纪（二十世纪）九十年代开始，香港文化活动一大盛事。林议员泽飘在开幕致辞中有“今日香港是中西文化荟萃之地，本世纪以来，不少中国书法名家致力于书法艺术之发扬，汲取传统精神，力求创新，形成自己风格，教授不少高足弟子，使书法艺术继续发扬光大。中国书法艺术源远流长，不单是中国文化的珍贵遗产，也是世界文化艺术领域的异葩。是次展出，及本局“香港艺术馆藏品共计八十六幅，均为当代书法名家之代表作，难能可贵”云云。词毕，林议员领导嘉宾欣赏展出作品。应邀出席嘉宾对市政局此举，于中华民族特有文化书法之弘扬，深致赞美与敬佩。于筹备期间，工作人员之努力完成，使香港中外人士得饱眼福，亦致以敬意。

查此次香港艺术馆策划藏品展出有书法名家八十六位之代表作八十六幅，分别为七大类型：第一类型为篆书九幅，第二类型为甲骨文一幅，第三类型为隶书十四幅，第四类型为章草一幅，第五类型为行书四十三幅，第六类型为草书十五幅，第七类型为楷书三幅，总计八十六幅。馆中四壁陈列，琳琅满目，芬芳扑鼻，如入芝兰之室。作者徘徊欣赏，有若置身山阴道上，目不暇接。在昔，香港有“文化沙漠”之称，今则成为“绿洲文化”矣。无论工商、金融、贸易、建筑，香港有“东方之珠”美誉，亚洲“四龙”之一。

香港艺术馆将藏品“香港书法”编为七大类型公开展出，作者就是日应邀出席观感所得，就各家展出之代表作，贡其一得，并就正于当代书法名家与艺苑士君子。如次：

一、为篆书九幅，不论大篆小篆，作者萧规曹随，形神得体，名家之作，堪为学习规范。

二、为甲骨文一幅，所谓甲骨文，是指刻在龟甲或兽骨上的文字，作者研究甲骨文字有年，对甲骨文字深有所得，工整可敬，惟纸上表现，限于“惟肖惟妙”之美，若论力度，笔力比刀力弱，纸质比不上龟骨兽骨之坚强，临摹虽有可观，究竟不若原件之力度，强劲美丽庄严可观。

三、为隶书十四幅，隶分秦隶、汉隶。展出之隶书均能表现所学，形神均有可观，气韵方面，尚须求进。形神气韵，四美具，方为上乘。

四、为章草一幅，章草易学难精。当代书法名家李超哉博士有曰：“近人攻此书者固多，不失之臃肿，或败于尖锐，均有可议，弥不足珍。”惟对作者所书章草“师古而不泥古，推陈出新而富有创意者”，备致赞美。当此书道式微，亟待提倡振兴之秋，李博士之言，深明作书之法，可谓空谷足音，作为借鉴。

五、为行书四十三幅，展出之行书，占全部书法之百分之五十。行书的来源，分别由“八分书”和“楷书”而来。社会进步，生活由简入繁，人们为求速、求便，书写酬应，亦从繁变简。而擅写行书者，为汉末之刘德昇。今日科学昌明，人类生活，已进入电脑化时代，正是行书发展时，参加书家，为求自由迅速，减少时间与节省物力，理也，亦势也。四十三幅中，不少佳作，弘扬书道，功岂浅显，中堂屏条横幅大小四十三幅，上下两千年，叹为观止。

六、为草书十五幅，作者各以龙飞凤舞、天马行空之笔，无拘无束，发挥自由，集“篆”“分”“楷”“行”“草”五类书体，一炉冶，表现于草书，可以神会，以神会意，可以欣赏，不可学习，避免画虎不成反类犬！见笑方家也。

七、为楷书三幅，楷书，代表君子风度，书写非易。展出之楷书，亦规亦矩，八法分明，结构运笔，意和气平，温文尔雅，可作初学典范，虽非楷书宗匠，也在名家之列。

公历一九九〇年四月十二日于香港九龙官塘寓所

农历四月十二日是陈礼传七十九岁生日，作有《七秩晋九生朝遣兴》七言绝句三首：

一

迎夏送春四十周，居夷逭难壮吾修。无私有守心如佛，迈往期颐愿可酬。

二

生逢乱世愧匡时，六尺堂堂负所思。松竹楼头桃宴日，儿婿诸孙共举卮。

三

马齿徒增岁月侵，豪情纵论古来今。源寻活水添根本，夷地尚存乡国心。

诗句中流露出老人豪情不减、热爱生活、思乡念国的赤子情怀。

这一年喜事多多，陈礼传也过得十分惬意。

1991 年　辛未

八十岁

❖农历正月十一日，应邀参加汕头市第五届迎春联欢节。十三日回程洋冈并到岛门祭祖扫墓。十四日游潮州古城，谒韩祠。十六日返港。

❖农历八月十五日，书写出版《孝经》。

1991 年农历正月十一日，陈礼传应邀与香港潮州代表团一行数十人赴汕头市出席市第五届迎春联欢节，老人精神焕发，和参加盛会的领导、乡亲共叙乡情。两天的会程，老人过得十分愉快。

联欢节结束后，于正月十三日由我接老人回程洋冈居住，并陪同他到岛门祭祖扫墓。十四日游潮州古城，登韩山、谒韩祠、朝拜韩文公。这次是他离家数十年后第一次登韩祠拜祭韩文公，心情十分激动。他崇拜韩文公，对韩文公的景仰也常溢于言表及诗文之上，进香完毕后，在韩文公像前摄影留念。回港后以十二开册页形式书写苏东坡名篇《潮州韩文公庙碑》全文，并将游览进香全过程记录其中。十六日返回香港。农历四月十二日，八十初度，又恭书韩愈《师说》，再次记录拜谒一事。

老人一生以事亲至孝扬名士林，时值端午节，书写《孝经》全六章，作品之前作一小序：

《孝经》一书，乃孔子与门人曾子对话。旨在弘扬人伦、做人道理，不受时间、空间、种族、国家之限制与拘束。有人类生活居住之所，即为树人教育公民之方。孔子为吾国有史以来最伟大之教育家，生于周代之鲁国之邹邑，志在《春秋》，行在《孝经》。历经唐、宋、元、明四朝，追谥号为“大成至圣文宣王”，至清改称“至圣先师孔子”。下述六章概述《孝经》要旨、五孝之义。时至今日，科学昌明，思想日新，物质至上，伦理日下，有道君子，忧心忡忡。礼传不敏，敬依书圣王右军笔法所书《孝经》恭书一番，希望国人躬行实践，使中华固有伦理文化与现代物质文化配合汇成体，则国泰而民安矣。不亦懿欤！

此作品经数月之编排设计，于农历八月十五日正式出版。书名“孝经”由

衍圣公孔德成题写，黄尊秋作序。

《孝经》一书，乃圣门人伦事亲之教，修齐治平之基。我中华民族所以绵延数千年，而能益弘益久者，其在斯也。晚近西潮东涌，浸渍既久，孝道落寞，则人伦纹而世争利，有志世道人心者悯焉。盖人伦者，人与人关系之秩序也，《孝经》所述，期此一关系之井然，而社会安和，以共进康泰。陈子礼传，有志于此，乃书《孝经》全文，将付梓，以广流传。陈氏颍川华胄，澄海望族。礼传先生，名著香岛，声溢宇内，其事亲孝，为学纯，以其余咎，临池作书，颜韵柳骨，直追二王。兹册之出也，必为社会所重，士林共仰，乃以数语，为之序。

黄尊秋于台北公廨　时一九九一年八月五日

为弘扬圣道，作百年树人之基，陈礼传自费将《孝经》印制1 000册，无偿赠送海内外有需要人士。一九九一年十月五日，《香港时报》刊登一则题为“陈礼传章草书写《孝经》，印行赠送有需要者”的报道：

中国人有句老话：“一部《孝经》可以治天下。”足见《孝经》一书在中国人心目中如何重要。近世欧风美雨东来之后，国人眩于日新月异，社会之进步、物质文明之可爱，影响所及，伦理道德，昔日视若重如泰山之《孝经》，今则弃若敝屣，轻如鸿毛！有天渊之别。年青一代，且不知《孝经》为何物，要不杞忧，其可得乎！

书剑飘零……从事文教，儒素自甘，四十年如一日，有“文化斗士”之称之耆宿陈礼传哲士，眼见及此，乃有恭书《孝经》刊行之举，现已出版面世，成为当今最新版本。其特色有三：一为衍圣公现任考试院孔德成院长亲笔敬题书端；一为柏台御史黄尊秋院长书赠序文；一为书法名家陈礼传哲士，以其扬名当世之章草书法恭书。三美具，成为新版本特色。

陈礼传哲士，耿介磊落，生于昌黎作牧海滨邹鲁之乡，出身于纪念国父之中山大学与“中华学术院”，成长于香港，从事文教四十年，由教员，而主任，而校长，而大专讲席，孔融登座，刘向传经，桃李遍布海内外；述作等身，名著《六十年来海外潮州人物志》一书，当代教育家张其昀博士，誉为创制之作；书法颜体章草，早已蜚声士林；且为香港艺术馆及“中华学术院”所珍藏。非有艺术造诣，曷克臻此。

今岁辛未，公历一九九一年，时值陈哲士八十初度之年；有鉴于香港晚近以来，社会道德风气每况愈下，治安日坏，色情、盗劫、奸杀、贩毒、欺诈等案，层出不穷；效杞人之忧天，恭书《孝经》六章，印行赠送；旨在弘扬圣道，端正风气，作百年树人之基；辅助家庭、学校、教育当局，推展公民教育；保存中华民族特有伦理传统文化；用心良苦，艺苑同钦。爰为介言如上，敬希大雅君

子，有以正之。

附记：

陈哲士云：各界人士，倘有需要，请书明地址，附寄费邮票寄：香港九龙官塘翠屏道翠桃楼一六四一室　　陈礼传哲士收，当即寄上。

入夏之后，陈礼传着手将其居港四十年来师友所赠及收藏的诗文书画金石进行汇编，准备印行一部《民国人物翰墨书画金石选辑》。共整理出对联三十二副、序文十二章、征诗文书画启一篇、贺词三十九首，贺诗七十一首、感赋两章、介言两篇、书札一百二十三函以及国画、篆刻印章，共计一百九十三页、三百八十六面，人物一百六十八人，皇皇大观。

1992 年　壬申

八十一岁

❖3 月回里扫墓，回港后编辑出版《民国人物翰墨书画金石选辑》。

1992 年 3 月，陈礼传回乡扫墓，祭拜先祖。事毕，由我陪同到澄海县城文化馆谒著名学者杜国庠先生半身石雕像，又到鮀浦游览灵泉岩等名胜。家乡的美丽风光，让老人流连忘返，他到处拍照留念，心中自有一种说不出的情愫。

回港后，将编辑完成的《民国人物翰墨书画金石选辑》交付印刷。该书由八十八岁高龄的大学者陈荆鸿教授题签，黄尊秋作序。

今春，寓港陈子礼传先生来函谓："回忆不佞得有今日，乃先叔祖子昭公十年教育栽培盛德；柏台服务，则蒙院长三原于公之征召，潮阳刘公侯武之推荐；人事关系，则顺德郑彦棻夫子之力也。饮水思源，岂可忘记。昨岁，将四十年来居受长官训勉之翰墨暨题赠家慈"八一""九一"暨"百龄"寿庆之词章，以及同学、友好、时贤、有道君子书画墨宝金石与国父孙中山先生手泽，凡百六十八家，汇成专集，命名《民国人物翰墨金石选辑》一书。经已编妥，为弘扬中华特有文化书法，拟予付梓、出版行世，永存不朽。"并问序于余。

陈先生真有心人也。中国书画，别成一格，尤以书法为世所独有，最是表现操不律者之人品风格，兹汇为一辑，则二王神髓、欧褚雅致、颜韵柳骨、章草邓隶，一呈案头，如坐对时贤，躬聆雅言，益仰先哲，深滋景慕焉。而礼传先生孝思不匮，尤可为世法，均有益于世道人心，非浅鲜（显）者。不才无文，敢借礼传先生函述搜罗付梓之经过，既志翰墨因缘，并以为序。

彰化黄尊秋书于台北公廨，时辛未清和

序

亡友寓港陈子礼传先生来函语「回忆少年偕伯兄自
乃先外祖子昭公十年教育，我塘盛德，柏台服务，于蒙院
长三原于公之微台，潮阳刘公侯武之推荐，人事关系，
于顺德郑彦棻夫子之力也。饮水思源，岂可忘记。昨岁将
四十年前承长官训勉之翰墨，汇集题名家藏「八一」「九一」
双寿「百龄」寿庆之词章，以及同学友好、时贤、吾道君子
书画墨宝金石与
国父孙中山先生手泽，凡百六十

尊秋用笺

黄尊秋序之一

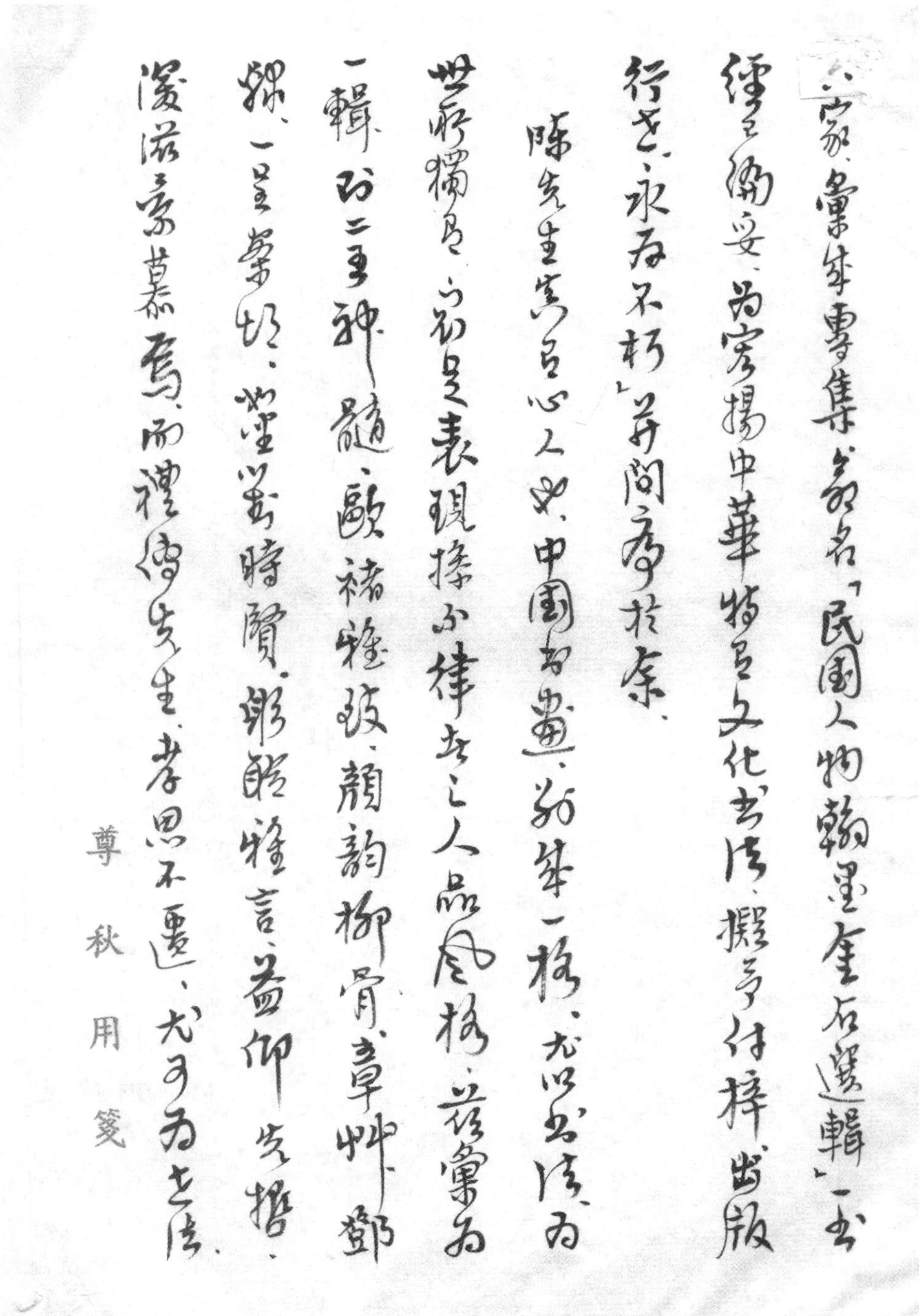

家，彙集專集，名為「民國人物翰墨金石選輯」一書，經之綸妥，為宏揚中華特有文化書法，擬予付梓出版行之，永存不朽」，并問序於余，

陳先生苦心人也，中國書畫，好筆一格，尤以書法為世所獨有，亦最足表現操守律己之人品風格，茲彙為一輯，詒二王神髓，歐褚璧玻，顏韻柳骨，章艸鄧隸，一呈筆端，若當時賢，彬彬雅言，益仰先哲，潑灑崇慕焉，而禮德先生孝思不匱，尤可為之法，

尊秋用箋

黄尊秋序之二

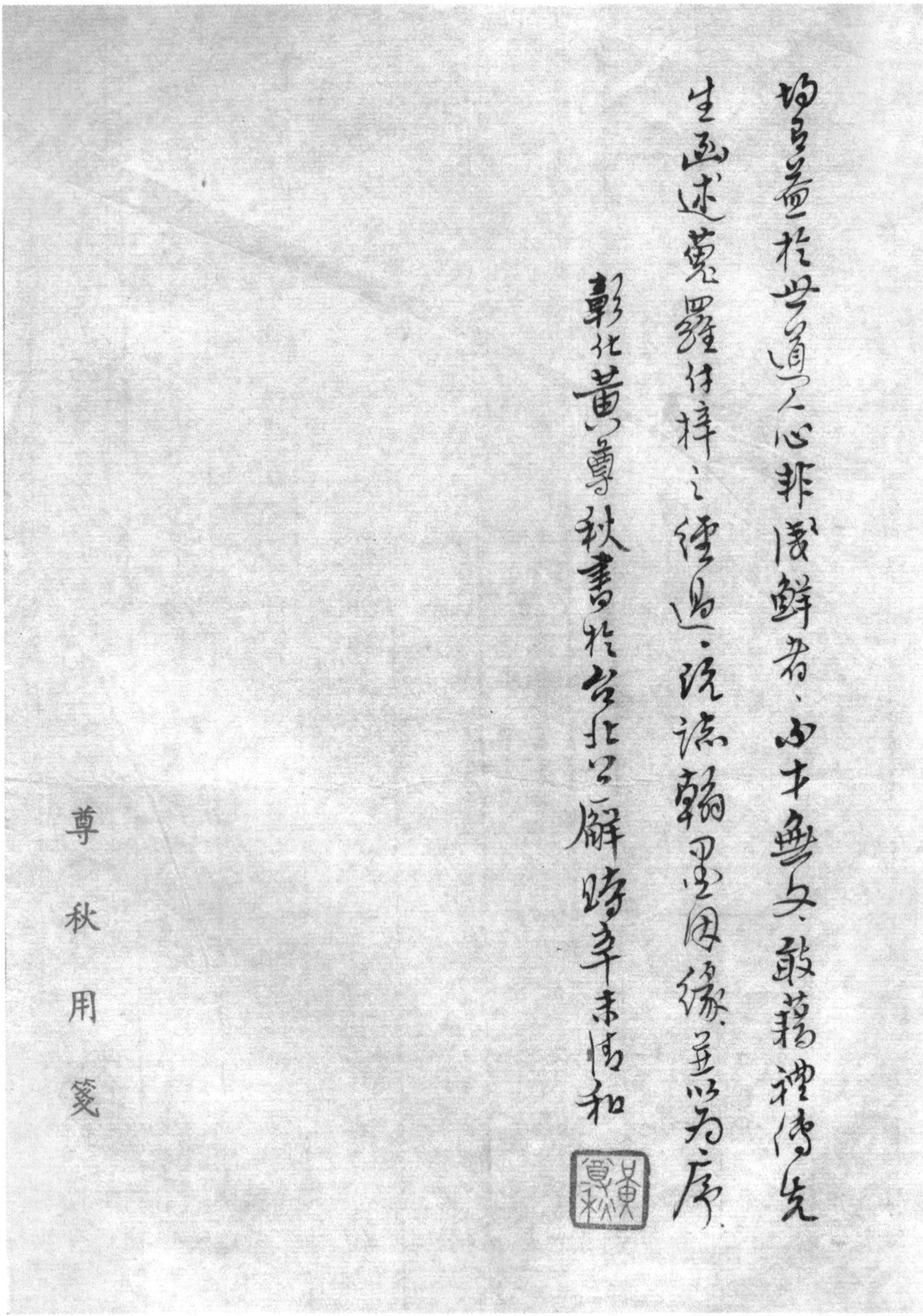

均有益於世道人心非淺鮮者。予才無文，敢藉禮傳先生函述蒐羅付梓之經過，既誌翰墨因緣，並以為序

彰化黃尊秋書於台北公廨 時辛未清和

黃尊秋

尊秋用箋

黄尊秋序之三

该选辑出版之后，《香港时报》有对该书内容作详细介绍：

承“中华学术院”哲士、香港正风教育出版社陈礼传社长之柬邀，参加该社联欢雅集酒会，获读陈礼传哲士居港从事文教工作四十年来，珍藏长官师友同学时贤翰墨书画金石汇编之《民国人物翰墨书画金石选辑》一书，为晚近海内外出版书刊所未见。捧读再三，叹为观止。

是书选辑人物一百六十八位，此皆一时俊彦，邦家栋梁，其制作篇章篆刻，可作文艺研究，可作范式阅读欣赏，特为介言，俾爱好者，知所问津。分述如次：

一、词章书法：有中华民国成立大总统孙中山先生就任誓词一章，及书法《大同》篇，依次为名公巨卿学者时贤之作，序文十二篇，书启一篇，贺词三十九首，名联三十二对，贺诗七十一首，感赋二章，介言二章，书札一百二十三函，合计篇章二百八十四件，字字珠玑，掷地有声。先言书法，有甲骨、篆隶、汉碑、章草、唐楷、颜书，各体兵备，神态惟妙惟肖。再论篇章，诗、词、联、文、序、感赋，典雅清新，篇章有奇气，百花齐放，百家争鸣，令读者如入芝兰之室，芬馨扑鼻，手不忍释！际兹“书道”式微之秋，传统精神文化已为时代物质文化所代替，日趋衰落，惊心动魄，不寒而洌！宏文弼教吾辈事，对一本有助精神文化之宣扬，深有所感，爰为介言。

二、国画：本书选辑国画，有溥儒之《南极星君像》，形神端庄，线条有力，不失名家手笔；柯丙流之《松鹤遐龄》图；张大千之《无量寿佛》；李超哉之《兰竹》；吕媞之《陈侍中之奉母之物》；林建同之《苍松》；周士心之《白头海棠》；潘佛涵之《富贵满华堂》；汪亚尘之《潜鳞戢羽》等。虽仅十幅，画面表现，各具匠心，人物意境，气象万千。鳞潜羽翔，活跃愉快；苍松翠竹，高风亮节；水仙富贵，并皆佳妙，可谓绝代之作。

三、金石篆刻：吾国金石篆刻，历史悠久，殷周时代之钟鼎，秦之石鼓，琅琊刻石，泰山刻石，汉碑，魏碑，可谓金石篆刻之鼻祖。本书选辑名家篆刻，大小印章一百七十三颗，有驰誉丹青、蜚声国际、吾国人瑞、湘人白石翁之作品，海外名士简琴斋、陈凤子、陈若海、陈秉昌、林勇逊以及海内名家沈时炳……均名噪一时之金石名家。

四、人物：本书所选人物一百六十八位，由于篇幅有限，略举一部分，以创建中华民国国父孙中山为第一人。盖非中山先生领导国民革命，摧翻清朝专制皇朝，即无今日，故以孙中山先生居首，崇拜也。依次人物，除先烈外有：戴传贤、邹鲁、于右任、孙科、张维翰、严家淦、谢东闵、张其昀、张群、谢冠生、张君劢、郑彦棻、陈立夫、倪文亚、谭延闿、谷正纲、高信、梁寒操、康有为、李璜、沈昌焕、陈孝威、许世英、刘侯武、林翼中、胡汉民、李朴生、吴敬恒、田炯锦、毛松年、何宜武、梁启超、袁守谦、马树礼、陈素、孔德成、黄尊秋、

林洋港、李焕、萧继宗、李超哉、王世昭、萧遥天、涂公遂、曾广顺、马宗庆、尹望卿、何敬群、王韶生、李懋、汪中展、毛高文、杨亮功、朱汇森、秦孝仪、李元簇、翟昭华、黄旭初、林仁超、黄维昌、任觉五、黄季陆、陈荆鸿、陈本昌、郑以镛、苏文擢、朱梦芸、陈祖泽、李震欧、陈明廉、孙星阁、董作宾、徐亮之、郭为藩、陈叔良、谭淑、邓海超、陈墨明……少长咸集，一时俊彦，猗欤盛哉！

总之，此书之选辑刊印，对于弘扬中华民族文化与特有书法大有贡献，可为国人研究中国传统文化与欣赏，且可为学子习作参考范式，开卷有益，一举两得，其是之谓欤！

1993年　癸酉

八十二岁

❖2月27日，《华侨日报》刊登署名文章评《民国人物翰墨书画金石选辑》一书。

❖为外甥孙蔡泽瑾出版《陋室铭篆刻印谱》。

1993年2月27日，《华侨日报》刊登有署名“双鱼楼主”的题为“民国人物的书画金石”的读后感：

陈礼传先生赠我以他最近出版的《民国人物翰墨书画金石选辑》，封面是陈荆鸿先生题端。

此书收集作品甚丰，虽然其中不少是祝词与手札，但书者皆显赫一时的人物，民国以来的名人书法，无不具备。如孙中山、蒋中正、于右任、谭延闿、许世英、戴传贤、邹鲁……他们除政治地位之外，书法实大有足观。

孙中山先生习苏东坡书，常见“天下为公”“博爱”的书法，造诣甚高。蒋中正书法流传较少，他的字是习欧阳询，书中有他的遗墨，虽是影印，已具功力。记得前年作奉化雪窦之游，便看到他的妙高题匾。于右任是魏碑入行书，谭延闿、谭泽闿昆仲是法颜真卿，戴传贤的行楷出入赵孟頫、文徵明，于、谭的书法可不必靠政治地位而流传后世。

此书出版大有价值，从民国以来，书坛上的一个总结，书法各有面目，故不必以人传。没有此书，我们便忽略了从政的也多精于书法，他们多写得一手好字。

本书收藏更多的是文坛知者之士的作品，如王世昭、苏文擢、李超哉、黄君璧、陈荆鸿……诸位的作品。荆翁已于月前去世。披阅此册，如见故人。荆翁章草在全国中，与王蘧常同享盛名，今亦已归道山，能不黯然。荆翁致力夏承碑，此乃东汉较早之碑，尚存篆意，荆翁章草，便从夏承之隶笔变化而来，特有沉厚之势，非一般所能及。

读《民国人物翰墨书画金石选辑》，八十年来对我国书法史虽然没有明确的论列，但纵观书中所刊载，都是这一段时期中的历史性人物，也可以从其间看到八十年来我国的书坛概况。

这是一部有价值的书法大观，凭个人之力，而能有之，实足敬佩。

1993年春节，陈礼传又为笔者编印了《陋室铭篆刻印谱》，并代恭请衍圣公孔德成题端。为扶掖后辈，老人以耄耋之年，不辞辛劳，费钱费力，编辑过程数易其稿，但乐此不疲。这种高尚的品德情操，令人敬佩！

1994年　甲戌

八十三岁

❖10月13日，应邀回汕举办“陈礼传书画及收藏精品展”，10月19日结束。

人老思故乡，对于远游羁旅的人来说，都有一个情结，那就是落叶归根！八十三岁高龄的陈礼传，自中学时代就别井离乡，求学、抗战以至去港从事文教工作，书剑飘零四十余载，但无时无刻不思亲念家。近年虽有回家省亲几次，但每次也都是来去匆匆，没有作长时间停留，对家乡的一草一木有一种难以割舍的情愫。

这一年夏天，汕头市地方志编纂委员会杨秀雁主任从朋友处得知香港文教界有这样一位“文化斗士”，经多方打听，得知陈礼传是自己的舅公，而且和自己联系最为频繁，便驱车到程洋冈找到了我，希望老人能将其所编著的著作赠送给地方志委员会，充实人文资料。我也将自己对陈老的所知对杨主任作详细介绍，并提及是否有可能请老人回汕举办书画展。

过后，我将与杨主任会晤及商谈的内容写信禀告陈老，陈老也很快将著作寄到汕头。

杨秀雁主任是位有心人，自从听了我“请陈老回乡办展”的提议之后，便很快联系到时任汕头市统战部部长陈序藩先生、市文化局局长方烈文先生、市文联常务副主席洪寿仁先生，又联系汕头市潮汕历史文化研究中心刘峰、陈德鸿正

副两位理事长和市博物馆张无碍馆长，经过多个部门的多次研究，决定联合发邀请函：

陈礼传先生：

为弘扬中华文化，促进地方文化交流；先生籍属潮汕，在香港从事文化教育工作多年，为中华民族文化做出令人瞩目的贡献。现经汕头市潮汕历史文化研究中心、汕头市海外联谊会、汕头市博物馆、汕头市文联共同磋商一致，邀请先生偕同夫人于九四年十月十三日前来我市博物馆举办个人书画作品暨收藏展览。

顺颂

大祺！

汕头市潮汕历史文化研究中心

汕头市海外联谊会

汕头市博物馆

汕头市文联

1994. 09. 22

陈礼传接到邀请函之后，于10月10日携带书画及藏品来汕头，在主办单位的安排下，由我陪同住进汕头市迎宾馆五楼。

10月13日上午九时半，展览如期在中山公园内的博物馆开幕。是日正是农历九月初九重阳节，天朗气清。出席开幕式的党政领导有：时任汕头市市长周日方、市委秘书长黄赞发、副市长李练深，各主办方领导有：刘峰、陈德鸿、方烈文、陈序藩、张群、洪寿仁、张无碍，老同志陈谦、李习楷夫妇，文化名人蔡起贤、王兰若、陈望、杨秀雁等，以及文艺界人士、在汕亲友、澄海文化界人士、家乡代表共三百多人出席开幕式。展览共展出陈礼传书画精品及珍藏品一百多件。汕头电视台和《汕头日报》做了专题报道。这次展览被誉为几十年来规格、规模、展品质量最高的一次展览。汕头画院副院长蔡仰颜为展览作序《文雅外炳　清明内照》：

香港著名书画家陈礼传，字思源，号晚香斋主，一九一二年出生于澄海岛门乡。国立中山大学法学士、“中华学术院”哲士，早岁参政，后从戎抗日，获抗战胜利勋章。旋即解甲归田。（一九）五〇年赴香港从事教育文化事业，创办正风教育出版社，编汇专著二十多种。善诗文书画，在香港、台北、汕头、星洲举办个展、联展十余次。早年师从当代草圣于右任及潮阳名贤刘侯武，潜心研习，融会众长，精诸体，尤擅章草，骨气峻迈，奇趣超妙，有“章草名家”之誉。其书画具有文人学者的独特气格，并臻文雅外炳、清明内照的高境界。

陈礼传先生，作为五十年代初到香港的学者和文化人，能卓尔成家，端赖以正宗中华文化为载体，创造独具个性的高雅艺术，每令读者叹为观止。

陈礼传先生的书画，蕴含着爱国爱乡的赤诚和坚贞高洁的情操，造诣甚深。作品与所藏的港台名人手迹，是弥足珍贵的艺术之宝。

祝愿陈礼传先生与其艺术永葆青春。

著名学者蔡起贤先生赋诗为贺：

徐渭宜方驾，月仪可乱真。多君佳笔墨，娴雅见精神。

文化局局长方烈文也作词《满庭芳》为贺：

章草名家，上华孝悌，哲士风度翩翩。少年怀远，求学五山巅。切齿狼横赤县，剑出鞘，抗日当先。功勋卓，驰思韩水，解甲告归田。

难全！橼果美，兰舟皓月，委屈天边。梦回笔生辉，筋骨犹坚。龙马行空万里，心眼畅、直照吟笺。弦歌急，情牵两岸，翰墨喜缘。

展览开幕当日，《汕头日报》以半个版面刊登陈老作品及题为“浑厚朴茂骨气峻迈”的介绍文章。

展览于10月19日圆满结束。老人将他精心创作的章草长卷《孙中山上李鸿章书》及其他精品力作共八件，以及珍藏的名人作品包括严家淦作品在内共十件，总计十八件捐赠给汕头市博物馆，又有另外十多件作品藏品捐赠给潮汕历史文化研究中心。四个主办单位联合向陈老颁发荣誉证书。刘峰理事长也代表潮汕历史文化研究中心送来一封感谢信。

陈礼传将他的力作及珍藏品无偿捐赠给家乡的文化收藏机构，圆了他叶落归根的梦，也使得这些珍贵的艺术品能够永久保存。

这一年春，他作了感赋四首：

一

翰墨集萃本怀恩，饮水思源重人伦。忠孝双全昭日月，弘道扬芬傲豪门。

二

从事文教四十周，四维八德赖以彰。如今菁莪已成荫，东方之珠籍群贤。

三

四十年来愿与望，由零到点苦至甘。文化斗士数出版，章草成家众誉归。

四

两校秩满荣休日，香炉峰上振衣时。太平洋边濯足去，乐山乐水复何求。

回到香港之后，他将这次展览所摄的照片汇集，编成《陈礼传书画暨珍藏品

展览》一书，由九十九岁的潮籍书画大家十万山人孙星阁题写书名，并于1995年农历正月二十九日正式印行。

1995年　乙亥

八十四岁

❖出版《陈氏章楷翰墨雅集》。

1995年，是抗战胜利五十周年，又编印出版了《陈氏章楷翰墨雅集》。由郝柏村题签及题词，邱创焕、陈立夫、十万山人也分别题词祝贺。

郝柏村题词：

宏扬中华文化。

蔡仰颜作序：

在中华文化辉煌的书法史上，章草一门，以古体草书而著称。考章草书法，乃从汉隶中脱胎而成；开始于西汉，发展盛行于东汉、西晋。盛行的原因，可说为简便实用而产生的书体；介于今草、隶书之间，未脱隶书约束，尚保存隶书的架势法度。迨至今草与行书的兴起流行，章草即受影响，日趋式微。元、明两朝，著名书家赵孟頫、邓文元等，在原有的章草上，各树新面目，从而展现章草的生命力。

现居香港的书法名家陈礼传哲士，行年八十又四，神旺体健，望之如七十许人。出身于国立中山大学法学学士、“中华学术院”哲士。早岁从政，服务监察院两广监察使署有年，抗战胜利，获国民政府颁给胜利勋章，为陈子一生殊荣。一九五〇年春，拜别乡井……南来香港之后，从事教育文化工作，出任中小学校长、大专讲席；为弘扬中华文化，……创正风教育出版社。出版述作之余，研习各体书道，尤致力于章草。平居与长官师友通问，所作翰墨章草，清丽秀逸，神、气、韵三美具；以颜楷恭书文丞相《正气歌》，雄健浑厚，气势非凡，以欧楷书诗联，谨严中带温和，二难并矣。至于六尺一笔书，若“龙”字，若“虎”字，运笔之劲，有“一笔挥龙虎，豪气动云天”之好评，为书中有画之书法，难能可贵，成绝代之作。陈子……先后在香港、台北、汕头及星洲举行之书画展，获得观者之赞赏，叹为观止；非无因也。至于陈子四十年来出版，亦有可观，举其要者有：《六十年来海外潮州人物志》《思源堂杂钞》《晚香斋诗文翰墨选》《龙蛇书画集锦》《祖国行》《民国人物翰墨书画金石选辑》《翰墨集萃》等

书行世；又《陈母蔡太夫人八秩晋一寿言集》《陈母蔡太夫人百龄开一寿言录》《陈母蔡太夫人百龄寿言集》。三十年间，陈子为老母出版寿言集三次，开古今中外人士所未有。陈资政立夫先生在本书之出版，有“崇孝兴仁”之题词，意深义长，有足风矣。

陈子……爱国爱乡之心，可于其作品中见之。论人品与书品，兹举有清人物刘熙载在其所作《艺概〈书概〉》中有曰：“书，如也；如其学，如其才，如其志；总之如其人而已。”欣逢陈子章楷书法专辑出版，引为其人其艺的诠释。敬希大雅君子，有以正之。此序。

公历一九九五年八月吉日于汕头市

郝柏村题词

1996年 丙子—1997年 丁丑

八十五岁至八十六岁

❖居家。整理所参与的活动资料及往来信件、剪报，准备写回忆录。

❖下半年夫人张慧娟住进安老院。

1996年至1997年居家，或因年纪渐大，陈礼传每天忙于整理数十年来的活动资料及往来信件、剪报等，准备写回忆录，对一生做一总结，也可给后世留下一份珍贵的资料。1997年下半年，因夫人张慧娟身感不适，住进安老院，陈礼传自己孤单一人在家，也就没有心情动笔。

1998年 戊寅

八十七岁

❖3月13日，夫人张慧娟逝世。

❖9月15日，因胆管发炎入住联合医院。

❖9月18日，寿终。

❖9月29日，在香港万国殡馆孝思堂举行大殓。

❖享年八十七岁，积闰八十九岁。

1998年3月13日夫人在安老院去世，老人于6月23日来函告知：

泽瑾外甥孙：

你外祖妗今年三月十三日因食道发生问题，于安老院安然去世之后，经九龙殡仪馆办妥丧事后入土为安。余自失去老伴之后，无心执笔，百日后才告知，并附去照片，收到后可禀知你祖母、父母及有关亲友，请勿挂念。余拟于八九月期间回里一行，顺此告知并颂。

万事如意！

舅公礼传手启于香港

九八年六月二十三日

接此噩耗，众亲友不胜悲伤。而我则每周打一次电话和他老人家交谈，以慰寂寞。9 月初，我去电询问老人家何时回来，并再三嘱咐不必带随身物品，一切由我在家为他准备。老人说这次回来打算长住，我为他准备了一间舒适的房间。老人还表示他准备回澄海长住已得到女儿们的同意，心情舒畅。但万万没有想到的是，这次通话竟成了我与舅公的最后一次通话。9 月 25 日下午，电话铃响了，一看到是香港电话，我还以为是舅公已确定回来的日期，先电话告知。但电话那头却是他三女儿的声音。她告诉我，舅公因胆管发炎已于9 月 18 日（农历七月二十八日）上午十时三十分寿终于联合医院，并于9 月 29 日（农历八月初九日）上午十一时在万国殡仪馆孝思堂举行大殓。事后得知，舅公是9 月 15 日上午在家发病，那时他正忙于整理行李，准备回澄海，或许是心情兴奋，或许是劳累所致，不慎引起胆管发炎，晕倒在地。十二时许，二女儿为他送饭才发现，但老人已全身发黄，不省人事，随后送联合医院，住院三天。住院期间，老人一直处于昏迷状态，没有留下一句话。

一代俊杰，“文化斗士”、章草名家就这样驾鹤西归。陈礼传享年八十七岁，积闰八十九岁。相隔半年，相濡以沫的恩爱夫妻终于在天堂相聚了。衷心祈祷老舅老妗在天堂快乐地生活，恩爱永恒！

附录一

正风教育出版社简介

正风教育出版社由陈礼传倡议成立并任社长。当时，陈礼传目睹香港的传统伦理文化日趋式微的现状，无不忧心，遂于1969年聚集一批有识之士，倡议成立正风教育出版社，旨在弘扬中华文化以及辅导港人教育。此倡议经一致同意通过，并推举陈礼传为社长、陈明廉为副社长、吴昌荣为总编辑。出版社于是年9月9日正式成立。

1979年9月9日，为庆祝正风教育出版社创社十周年，陈礼传特假座九龙松竹楼京菜馆设席欢宴在港文教界名流硕彦，为香港文教界一大盛事。当时《香港时报》与《华侨日报》（香港）均有报道此次盛况，标题为“正风教育出版社十周年　陈礼传社长欢宴文教界”：

本月九日为香港正风教育出版社创社十周年吉日。社长陈礼传特于是日假座九龙松竹楼京菜馆设席宴本港文教界名流硕彦。席间，陈社长将创社主旨及近年来出版书刊提出报告；并与嘉宾商讨有关复兴中华文化、加强出版事业以及辅导港人教育交换意见，并将该社本月出版之《应用文之理论与写作》一书分赠嘉宾，作为该社成立十周年纪念礼物。是日出席嘉宾有海内名教育家吴俊升博士、珠海文史研究所所长王韶生、国际桂冠诗人书法名家王世昭、大作家尹望卿、香江书院院长吴寿颐、清华书院院长许衍董，及名教授何敬群、包天白、林仁超、李任难、罗时宪、徐良安、文叠山、李建宏、黄自强，名书画家林建同、吕媞、庄一村、赵湘琴，乐善堂中学校长黄福玲、诸圣中学校长刘哲晖，及好友张江美、容镇国、沈定正、谢志澄、吴昌荣等，济济多士，共聚一堂，为文教界一盛事也。觥筹交错，至午后三时，始尽欢而散。

席间，林仁超教授即席撰贺词：

一纸风行扬正气，十年宵警著贤声。

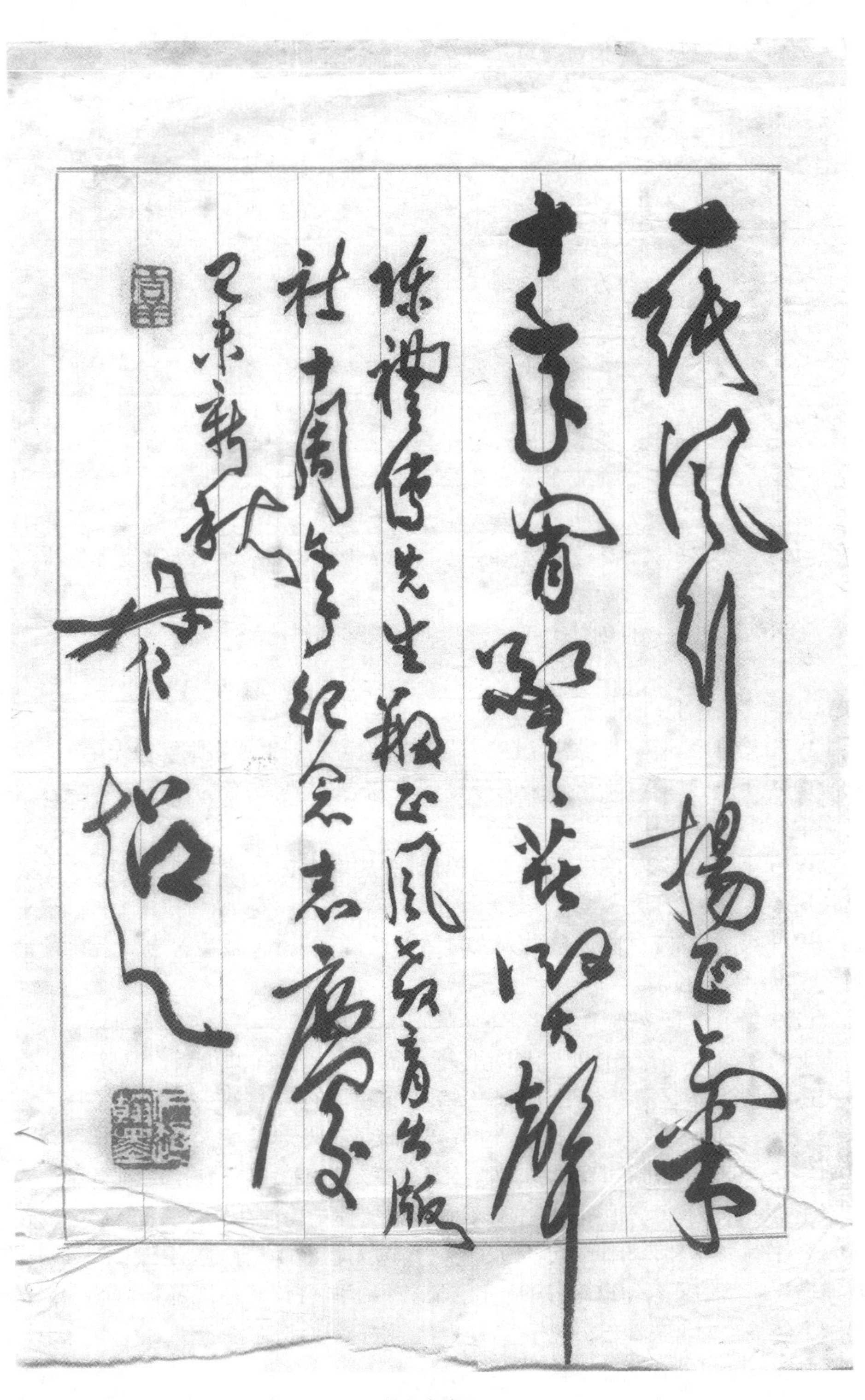

林仁超贺词

大作家尹望卿也呈长诗为贺：

正风教育出版社十周年纪念呈晚香斋主人。
晚香斋主非常士，请帖传来初费揣。九日开樽松竹楼，我摇电话问何喜。
先生笑谓无他焉，纪念正风创十年。社亦犹人宜作寿，逢旬致祝心悁悁。
由来版印都称好，自冯瀛壬开始早。非尽一般谋稻粱，是教万卷寿梨枣。
著书传世圣贤心，为乾坤宝国家琛。大哉典籍光天下，其奈时艰今可怕。
版多不版书不书，浑茫大地如长夜。陈子大呼奋短髭，成何世界阽乎危。
矫此变风思补救，挺其穹笔写淋漓。或问正风奚取议，二十五篇堪范示。
化下刺上赖有风，鸣飙鼓动八方同。万事只需求一正，利民福国在其中。
惟此三千六百日，喷香馥馥励精一。日间返校苦钧陶，晚上归家勤著述。
潮州人物堂哉皇，时贤翰墨发奇光。吾濡吾毫镌吾版，谁欤健者一陈郎。
勿谓正风童尚幼，聪明才力关天授。十年便已树千围，一吼都能惊万兽。
望卿交浅却知深，急就俚章当贺吟。扶弊起衰吾见罕，更于海上耀壬林。

正风教育出版社自创社十年来，共出版六部著作：

1970 年第一部：《陈母蔡太夫人八秩晋一寿言集》，题端者为台湾司法机构负责人谢冠生先生。

1972 年第二部：《思源堂杂钞》，题端者为诗家、书法家张维翰先生。

1974 年第三部：《六十年来海外潮州人物志》，题端者为国际知名学者、香港大学校长黄丽松博士。

1976 年第四部：《晚香斋诗文翰墨选》，题端者为台湾当局领导人办公室秘书长郑彦棻先生。

1979 年第五部：《陈母蔡太夫人百龄开一寿言录》，题端者为知名学者、书画大家陈荆鸿教授。

1979 年第六部：《应用文之理论与写作》，题端者为书法名家黄维琩教授。

正风教育出版社至 1998 年陈礼传逝世而停办。其间共出版作品除上述六部外，还有 1980 年《陈礼传书法》、1982 年《祖国行》、1983 年《亲情》（又名《潮汕行》）、1985 年《省亲行》、1986 年《生存与生活影集》、1987 年《陈礼传书画集》、1988 年《陈母蔡太夫人百龄寿言集》、1990 年《龙蛇书画集锦》《岭东青年蔡泽瑾篆刻百寿图印谱》及恭书《国父孙中山先生〈心理建设〉自序》、1991 年书写《孝经》单行本、1992 年《民国人物翰墨书画金石选辑》、1993 年蔡泽瑾《陋室铭篆刻印谱》、1995 年《陈礼传书画暨珍藏品展览》《陈氏章楷翰墨雅集》等十六部。

共计二十二部作品。

附录二

书法漫谭

陈礼传

楔子

书法一门，为中华民族特有之艺术，距今已有五千余年的历史，乃吾国文化与文明精神所寄托。由上古时代“结绳记事”开始，以至今日之简体字，从“简”入“繁”，由“粗”而“精”，再由“精”回“粗”，由“繁”返“简”，循环不息，反映人类事物，生活演进的自然规律，东西各国，莫不皆然。为使学者易于明了与学习起见，爰将其演进过程，叙述如后：

何谓书法

“书法”一词，可作名词解，也可作动词释，本文只作动词用。分别解释如下：

书——指书写，为初学书法必经途径之先决条件。基于一般学习过程，第一阶段是“印格”，即将“红字”书法照本宣科，填为“黑字”书法。第二阶段是临帖，选择性近喜欢的名帖，照样临写。“印格”“临帖”为初学书法的“不二法门”。经过相当时间之后，“印”“临”有得，才算入门。入门之后，根基巩固，至少也需三年，俗语有曰：“三年有成。”然后可以选择“甲骨”“石鼓”“篆”“隶”“章草”“楷书”“行”“草”，及名碑诸体，就性之所近，努力学习，至少也需三年。成就之后，就要“变”。所谓“变”，即“入”而能“出”，一成不“变”，照所师者无异，成为“书匠”，“变”而能“出”，可能书家。“书匠”与“书家”分界在此。有志于书学者，不可不知。

法——指方法，大凡学习百工技艺，处此科技太空电脑时代，时间即金钱，求“速”、求“真”、求“善”、求“美”，就必须事先研究方法，所谓“法立道生”，成竹在胸，然后依法进行，则无往不宜，无事不利。譬之旅游，先定目的

地，目的地决定之后，再询路途交通，谋定后动，然后出发，则事半功倍。无目的、无计划、无先后，盲人骑瞎马，不但事倍功半，且费时失事。学习书法亦然，不可不知。

文字演进的过程

结绳记事——据史料所载，上古时代，地广人稀，人类生活，日出而作，日落而息，有“各人自扫门前雪”。人与人之间，毫无来往；既无来往，何需文字？迨后，丁口增加，社会进步，生产之交换，人类生活渐趋复杂，往昔之离群生活，进而为合群生活，始有互助交往之事。聪敏者，基于日常生活之需要，用简单的绳子，作为记事的工具，而有“大事大结”“小事小结”的传说。证之今日落后不识文字的山区僻壤居民，以木炭画于土壁上，作为记事的符号，同样道理。先民结绳记事，成为后贤制作文字之先河。

八卦——上古三皇时代，所谓“三皇”，据说代表三个时代之大人物：一为“伏羲氏”，一为“神农氏”，一为“燧人氏”。根据史料所称，伏羲氏生有贤德，发明八卦，始造书契，教民佃渔畜牧。由是，人类从简单的个人生活进而为群体的共同生活。又说伏羲氏都于陈，今河南淮阳县，在位一百五十年。若以“结绳记事”为制作文字之先河，则“八卦”形态，称之为字体雏形，亦无不可。

蝌蚪文——作者仓颉，黄帝时，官左史。生而神圣，异乎常人。具四目，观鸟兽之迹，体类形象而制文字，以代“结绳”“八卦”，作记事之政。在文字史上，蝌蚪文可说为吾国有文字之始。

甲骨文——乃殷商时代重要文物。殷人尚鬼神，有事，则以龟甲卜吉凶，然后将卜辞刻在龟甲和兽骨上面。文字学家称之为“甲骨文字”。清代光绪年间为考古学家发现于河南省安阳县。该地为古代殷商旧都，距今已有数千年历史。

钟鼎文——亦称“金文”。产生在甲骨文之后，为殷商时代文献，将国家重要事情，用文字刻在钟鼎上面，称之为“钟鼎文”。“钟鼎”乃铜质之器，为殷商时代国家重器。周宣王时，史臣太史籀将当时国家重要政事刻在钟鼎上，以示国人，作为纪念。此项文字，后世称之为“钟鼎文”，因系太史籀所作，亦称“籀文”。墨子有“琢之盘盂，铭于钟鼎，传于后世”，即指此也。

石鼓文——为周秦时代石刻文物，为吾国有石刻文化之始。石凡十，形如鼓，故称“石鼓”。将国家重要事情，作歌颂之词，用文字书刻于石鼓之正面。按石鼓所刻字体，介于籀文与小篆。制作时代，经唐宋学者研究，共有四说：一说为周宣王时代所刻，唐代张怀瓘、韩愈主之；一说为周代文王之石鼓，至宣王时代所刻，唐代韦应物主之；一说为周成王时代所刻，宋代程大昌主之；一说为秦始皇统一六国后所刻，宋代郑樵主之。四家推断，各有所本。晚近学者根据秦代金石碑刻文辞考究结果，断为秦代所刻，与宋代史学大家郑樵之主张，所见略同，则“石鼓文”为秦代石刻文物，可以论断。

小篆——作者李斯，乃秦始皇时期宰相。李斯学问渊博，为秦代一大政治家。秦始皇统一六国后，在政治上大肆改革，其著者有：书同文，车同轨，统一度量衡。为利便政令施行，配合政治改革起见，命令李斯将当时流行的古文大篆简化为小篆，定为民间与官方通用的文字，施行全国，实现其书同文。现存之《琅琊台刻石》《峄山碑》《会稽刻石》等文物，相传为李斯所作的小篆。

隶书——秦统一六国后，政治上流行两种文字，一为官定之小篆，一为民间所用之隶书。隶书乃民间所用，小篆乃官方所用，不但字体不同，也有贵贱之分。秦时有狱吏程邈，擅长古文大篆，因事犯罪，被系于云阳狱。服刑期间，将大篆简化，去其繁复，制成隶体，呈经秦皇认可，并赦免其刑，任为御吏。将其简化之大篆，称为“隶书”，为秦代民间通用之文字。

八分书——乃隶书之变体。始创于西汉，盛行于东汉。秦亡，汉高祖继承大统之后，秦定之隶书尚通行于民间。老百姓以隶书艰涩难写，为应付日益繁杂的社会人事酬应，有识之士将流行之隶书，为便于书写，略加简化，变成“蚕头燕尾”之势，看来比隶书简省，称为“八分书”。

章草——时代不断发展，到了东汉，社会进步，人事生活，日趋复杂，为简便易于应对起见，将隶书简化后之八分书再行加以简化，变成章草之体，介于行书、楷书之间。省笔省时，简便得多。为东汉章帝所始用，故称“章草”。

飞白——为书法之另一体，以其笔势飞举，字划中空，作者为蔡邕。东汉灵帝时，命蔡邕作《圣皇篇》，书成。诣鸿都门，时方修饰，见役人以垩扫成字，因归作“飞白”。一时汉魏宫阙，多用其体，流行一时。

楷书——亦称“正书”“真书”，乃由篆书、隶书、八分书、章草等体演变而成，为东汉时代王次仲所作。楷字字体端庄严正，点画分明，是非清楚，适合儒家中正之旨。历经魏、晋、隋、唐、宋、元、明、清，以迄民国，盛行不衰。政府公文、民间契约，均采用之。尤以魏代钟繇所书之《宣示表》为准，世称楷书范本。

行书——行书较楷书省笔，无楷书之点画分明，运笔稍为流畅。创自汉末，发展于三国，成为时常社会流行的书体。据说创行书者为刘德昇。

草书——东汉张芝，字伯英，善草书。临池学书，水为之墨。所作草书，为世所宝，时称“草圣”。按楷书、行书、草书三种，发展于汉魏，至晋代书法大家王羲之，集其大成，有“前无古人，后启来者”之誉，号称“书圣”。其代表作《黄庭经》《兰亭序》《十七帖》三者，世称“书法三宝”。近世关中于右任，乃中华民国开国元勋，所作草书有“近代草圣”之称。

狂草——唐代僧人怀素，性嗜酒，擅草书，家贫，无钱购纸。乃于所居庵中，种植芭蕉万余株，平居取蕉叶以经书写，成为艺苑美谈。有《自序帖》《千字文》两草书传世。与怀素同一朝代之张旭，性亦嗜酒，醉即狂叫狂走，取笔作书，成“狂草”。醒后视之以为神，再书，不可复得。一时有“张颠”之称，亦

艺苑佳话也。

简体字——民国创建之后，西方科技物质文化东来沟通交流。吾国传统文化以及政治制度社会现象开始变化；人事生活日趋繁复；为节省时间与金钱，对固有之艰涩难写之汉字，学者咸主张简化；盖文字为生活写作之工具，处今之世，人类生活已进入电器化、电脑化，国家建设之艰巨，生存竞争甚是激烈；时间即金钱，将艰涩难写之汉字，从事整理简化，实属必要。为利制而新国运，亦势在必行。

何谓六书

“六书”者，为先贤创制文字所本；仰观天象，俯察万物；用意取义，费尽心思。据汉和帝时代，吾国文字学大家许慎，在其所著《说文解字》第十四篇中，指出六种造字的原则，名为“六书”，分述如次：

一曰“指事”——指事者，视而可识，察而见意，“上”“下”是也。

二曰“象形”——象形者，画成其物，随体诘诎，“日”“月”是也。

三曰“形声”——形声者，以事为名，取譬相成，“江”“河”是也。

四曰“会意”——会意者，比类合宜，以见指㧑，“武”“信”是也。

五曰“转注”——转注者，建类一首，同意相受，“考”“老”是也。

六曰“假借”——假借者，本无其字，依声托事，“令”“长”是也。

汉字的结构

吾国文字的结构，乃世界特有的“方块字”，与欧美等国的拼音字母结构有别。方块字体形态的组合，全靠点、横、撇、竖、勾、捺六部门互组而成，其结构比诸欧美等国，以字母为结合之字体，更为复杂。外国人视吾国方块字之难学，原因在此。但就吾国字体，从其形态研究，可分两类。第一类为“单体字”，第二类为“合体字”。“单体字”如“一”字，如“乙”字。“合体字”又分为：“上下合体”，如“李”字，如“忠”字；左右合体，如“河”字，如“海”字；“上中下合体”，如“意”字，如“草”字；左中右合体，如“辩”字，如“衡”字；上下左右合体，如“戀”字，如“齊”字；半边形合体，如“匡”字，如“司”字；四边形合体，如“国”字，如“因”字；三角形合体，如“品”字，如“矗”字；长方形合体，如“寿”字，如“董”字；天覆形合体，如“宇”字，如“宙”字；地载形合体，如“山”字，如“幽”字；走之形合体，如“进”字，如“退”字。以上所举，乃吾国现有文字之特征，举一知三。学者倘能留心研究，对于书写之设计，运笔之先后缓急与美化，必有所裨补也。

笔顺与永字八法

吾国文字结构，既有“单体”与“复体”组合之分，那么在书写运笔或美术方面，自然有先后缓急求美之心，譬如操舟，顺流者快，逆流者缓；登高自卑，行路就近，理有固然。学习书法，亦如行舟、登高、行路。隋代书法家僧人智永，本姓王，法号永禅师。对书法研究三十年，有见及此，乃举出“永”字楷书，分成“八法”，作为初学书法之规范，以一御万，而示世人。

为使学者容易领悟，又将“永”字分成两组，一为“字形”，一为“笔势”。字形方面又分为：一、点；二、横；三、竖；四、勾；五、横；六、撇；七、撇；八、捺。笔势方面又分为：一、侧；二、勒；三、弩；四、趯；五、策；六、掠；七、啄；八、磔。上述两组所举，统称“八法”。

“八法”笔势说明

一侧——侧者，势如侧头，因为楷书的点，已像半边月形，不像篆书的圆点。

二勒——勒者，势如勒马，因为一画的收笔，很像临崖勒马，一勒勒住，不像“八分书”蚕头燕尾。

三弩——弩者，势如张弩，用力一挽，气贯便直，其形纵使弯曲，其势仍然垂直。

四趯——趯者，势如趯球，球未到时，缩脚准备，球一到，即刻趯出，其姿势相同。

五策——策者，势如策马，凡以鞭策马，必定横扬而向上，气势相同。

六掠——掠者，势如掠发，由头掠到发尾，其势相同。

七啄——啄者，势如啄米，如鸟啄米状，看谁就啄，其势相同。

八磔——磔者，势如磔肉，落刀时由轻而重，拖力时则由重而轻。

文房四宝

何谓“文房四宝”？吾国自古，即以农立国，时至今日，农业占全民生活百分之八十。把全国丁口划分四种阶级，即士、农、工、商是也。将“士”列在四民之首，而知识分子之“士”在农业社会、专制时代为官与民沟通之桥梁，其重要如此，故列于农、工、商之上，爱屋及乌，将知识分子之士人，所常用之笔、墨、纸、砚提高身价，称为四宝，又号“文房四宝”。

昔贤有言：“工欲善其事，必先利其器。”工具备，然后才可施工。百工技艺皆然。学习书法，也当如是。笔、墨、纸、砚四宝具，英雄始有用武之地。分述如次：

笔——乃文房四宝之首。按“笔”字，古作“聿”，至秦代才在“聿”字之上加上竹头为“筆”，成为今日通行之“笔”字。《论衡》一书有云：“截竹为

筒，破以为牒，加笔墨之迹，乃成文字。”《古今注》一书也曰：“秦蒙恬始以兔毫竹管为笔。”其实笔之发明，古已有之，至秦蒙恬加以改良，始用竹管为之，乃有“笔”之名耳。按古代未有纸，一般书写，以“刀”或“铅”，画字于甲骨、铜器、简牍，故有“刀笔”“铅錾”之语。今日通用之毛笔，因质料不同，有“硬毫”“软毫”之别。以羊毫、兔毫、狼毫制成，称为“软毫”；以猪鬃、鼠毫制成，则称“硬毫”。初学书法者，多用“软毫”，以其性软，易于书写也。笔又分大、中、小三种，一尺以上称大笔，半尺上下称中笔，过楷以下用小笔。初学书法者，不可不知。

墨——原始之墨，乃天然矿物石墨，磨汁成墨。人工制成的墨，有“松烟”“油烟”两种，各有特性。好墨质坚，次墨质软，书画用墨，亦有分别。书法为吾国特有文化，故历代制墨，均极考究。自魏、晋、隋、唐、宋、元、明、清以来，名家书画虽经千数百年墨色不变，神采犹存。由清代遗下的好墨有“曹素功”和“胡开文”二家。闭关自守时代，学者书画，用墨磨砚书写。自西方物质科技东来之后，重工商贸易，时间即金钱，一般公私来往，酬应文字，为节省时间兼悭钱悭力，一般多用现成墨汁代替。近日东洋商人，且发明“原子毛笔”，利便书写，一如西方“自来水笔”，减少人工物力。二十世纪八十年代，人类生活已进入太空时代，电气化、电脑化；磨墨时代，除对书画家而言外，已进入式微状态。

纸——吾国在未有发明笔、纸之前，书刻以刀、剪为之。迨汉和帝时，中常侍蔡伦以树皮麻头敝布制成纸，世称“蔡侯纸”。现时一般通用之纸，大别分竹纸、草纸、宣纸、冷金笺之类。自与欧美通商之后，纸又有“中国纸”与“洋纸”之别。中国纸质软，为书画家所善，因期适宜于珍藏装裱；外国“洋纸”，质硬而滑，适合于一般用途，不宜于中国书画。吾国古今书画名家，多采用宣纸和冷金笺，以其宜于书写珍藏也。著名南唐时代之“澄心堂纸”，以清代乾隆年间仿古法制造之纸，已告绝迹，成为历史名词。

砚——文房四宝，砚列最后。吾国产砚地方，著名的有广东端州、安徽歙州。此外，苏州、青州、夔州、温州等地，也有砚出产。若以质地坚润能发墨，则以广东端州所产之砚为最佳。现存之端州砚，取价极昂，非普通人所能购买，多为古董商所收藏，视为奇货保值，待价而沽。

结论

语曰：“佛要金身，人要锦身。”书法为中华特有文化，艺术之结晶，比“金”比“锦”更为高贵。观于秦、汉、三国、晋、隋、唐、宋历代书法大家如：李斯、张芝、皇象、王羲之、索靖、钟繇、王智永、欧阳询、虞世南、褚遂良、颜真卿、柳公权、米芾诸名贤，其书法不但震耀当时，且垂范后世，寸绪尺缣，成为中华国宝，欧美诸国文化机构视若拱璧收藏，则书法一道，不止可以荣

身，且可以华国矣。

晚近，科技发展，一日千里，物质文明，比之精神文明更为现实。二十世纪八十年代，人类生存与生活已进入太空、电气、电脑时代，非若往昔农业社会单纯，生产与工作用具，崇尚洋化。书画国文，咸以“原子笔”或“原子毛笔”代替古老之毛颖徽墨为之。今日之“文房四宝”，除书画艺术家继续发扬光大外，一般人士已视同敝履矣。不佞在香港从事文教生活凡三十五载，不愿先贤艰难缔造之中华特有文化书法艺术为物质利便生活而摒弃不用。香港政府教育主管当局已改弦提倡中文教育，书法一门乃中文教育重要之一环。故要加强中文教育，非先将书法一门列入小学至中一正式课程，通令公私学校切实遵行，以政令推动，则事半功倍。

（有删减）

后　记

1998 年秋，舅公陈礼传先生西游极乐，遗下诸多书画及往来信札，亟须整理。1999 年夏，我受其女儿委托，赴港整理老人家遗物，这也是老人家生前所托。当时曾有一念，为其在内地编印较为全面的书画作品集；一念既发，不敢或忘。但此后一直忙于生计，历十年才完成书画集稿本，犹待机缘面世。

去年经林伦伦院长推荐，暨南大学出版社将出版《潮汕文库·研究系列》丛书，广泛征集文稿。当时我便有编写《陈礼传年谱长编》的想法，此想法也得到立庵兄的赞同并极力促成。

舅公晚年曾有书信谈及将着手写回忆录，但终成遗愿。他青少年时期在外求学，抗战时期从政，年未不惑赴港从事文教工作，家乡人对其知者甚少。而且他的一些生平资料，尤其是 1950 年以前的资料，几乎都被毁去，所以年谱长编的整理就面临着较大的困难。幸好舅公最后的十几年为指导我学习书画，与我频繁通信，并寄来一些他的著作及有关的活动剪报复印件，相聚时讲述一些他的往事，这些便成了我编写年谱等的基础。我再从亲戚处征集一部分信件等资料，从这些往来信件、著作、剪报等资料中筛选出有价值的素材，按时间顺序编排整理。其中一些复印件因时间长久而退墨，使得一些信息及舅公本人的部分诗文等资料因模糊不清而未能录入，殊为可惜。再者，就是一些港台文化名人的信札、文章多用毛笔书写，大量使用草书、异体字、别体字，又采用骈、赋等文体，校字及断句工作也颇为繁重。整理编写过程中，立庵兄不辞辛劳，帮忙校对并赐序言，至为感谢！尤感谢林伦伦院长的关心与推荐！对出版社编辑老师为此书付出的辛劳一并致谢！

《陈礼传年谱长编》能顺利面世，将有裨研究陈礼传的人士更全面地了解其人生、学术、艺术，也是我编写此书的初衷。

丁酉冬至　蔡泽瑾于朴堂

《潮汕文库》大型丛书第一辑书目

系列名	书名	作者
潮汕文库·研究系列（第一辑）	潮汕史简编	黄挺著
	潮汕方言歌谣研究	林朝虹、林伦伦著
	潮汕华侨史	李宏新著
	选堂诗词集通注	饶宗颐著，梅大圣注
	饶宗颐辞赋骈文笺注	饶宗颐著，陈伟注
	饶宗颐绝句选注	饶宗颐著，陈伟注
	汕头影踪	陈嘉顺著
	汕头埠老报馆	曾旭波著
	潮人旧书	黄树雄著
潮汕文库·文献系列（第一辑）	潮州耆旧集	（清）冯奉初辑，吴二持点校
	郭子章涉潮诗文辑录	（明）郭子章撰，周修东辑校
	潮汕女性口述历史：潮州歌册	刘文菊、陈俊华、李坚诚、吴榕青、刘秋梅编著
	人隐庐集	（清）吴汝霖、吴沛霖撰，吴晓峰辑校
	做“缶”与卖“缶”：近现代枫溪潮州窑陶瓷业访谈录	韩山师范学院图书馆、颐陶轩潮州窑博物馆主编，李炳炎、陈俊华、陈秀娜编
	瞻六堂集	（明）罗万杰撰，黄树雄、王缨缨、林小山整理
	四如堂诗集	（清）陈锦汉著，陈伟导读
	醉经楼集	（明）唐伯元撰，黄树雄、王缨缨、陈佳瑜整理
	百怀诗集、龙泉岩游集	（清）陈龙庆撰，陈琳藩整理
	重刻灵山正宏集	（清）释本果撰，郭思恩、陈琳藩整理
	立雪山房文集	（清）黄蟾桂撰，陈景熙、陈孝彻整理
	汕头福音医院年度报告编译（1866—1948）	（英）吴威凛（William Gauld）等著，朱文平编译